KU-672-045

Das Buch

Kinder können einem Löcher in den Bauch fragen: Wer hat sich die Märchen ausgedacht? Wachsen Bäume auf der Milchstraße? Warum müssen wir pupsen? Wie kommt der Sprudel in die Limoflasche? ... und die Eltern sind oft ratlos, wie sie die vielen Fragen richtig beantworten sollen.
Seit mehreren Jahren erklärt Isabelle Auerbach im *Häh!-Lexikon* im Kinderfunk des Bayerischen Rundfunks auf amüsante und anschauliche Art und Weise die zahlreichen Wissensfragen ihrer neugierigen Hörerinnen und Hörer. In ihrem Buch hat sie eine unterhaltsame Mischung aus Rätseln rund um den Menschen, das Tierreich, die Technik, das Weltall und vieles mehr zusammengestellt. Eine spannende Entdeckungsreise für Kinder und Erwachsene in das Wissen unseres Alltags.

Die Autorin

Isabelle Auerbach wurde 1972 in Genf geboren und wuchs in Mainz auf. Nach ihrem Germanistik-Studium in München und verschiedenen Auslandsaufenthalten arbeitet sie seit 1998 als freie Journalistin beim Hörfunk des Bayerischen Rundfunks für die Redaktionen Kinder, Familie und Kultur. Zusammen mit ihrem Mann und ihren beiden Töchtern lebt sie in München.

Isabelle Auerbach

Haben Hühner einen Bauchnabel?

Spannende Fragen und Antworten für Kinder und Erwachsene

Mit Illustrationen
von Anja Filler

Ullstein

Besuchen Sie uns im Internet:
www.ullstein-taschenbuch.de

Umwelthinweis:
Dieses Buch wurde auf chlor- und säurefreiem Papier gedruckt.

Originalausgabe im Ullstein Taschenbuch
1. Auflage Dezember 2003
10. Auflage 2005
© 2004 by Ullstein Buchverlage GmbH, Berlin
© 2003 by Ullstein Heyne List GmbH & Co. KG
Illustrationen: Anja Filler
Redaktion: Katja Volkmer
Umschlaggestaltung: Thomas Jarzina, Köln
Titelabbildung: Illustration von Anja Filler
Gesetzt aus der Sabon
Satz: KompetenzCenter, Mönchengladbach
Druck und Bindearbeiten: Ebner & Spiegel, Ulm
Printed in Germany
ISBN 3-548-36496-9

Für Luisa und Pedi

Inhaltsverzeichnis

I. ÜBER DEN WOLKEN –
von der Milchstraße bis
zum Flugschreiber

Wachsen Bäume auf der Milchstraße? . .   19

Warum ist der Himmel blau?   23

Was ist ein Flugschreiber?   27

Wie entsteht ein Gewitter?   31

II. AUF DER ERDE –
von den Alpen bis zum Nobelpreis

Warum fallen wir nicht von der Erde,
obwohl sie sich dreht?   37

Was ist eine Lawine?   41

Woher kommen die
Olympischen Spiele?   45

Warum klopft der Specht?   49

Was ist Chronik?   53

Haben Hühner einen Bauchnabel?   57

Wer kriegt den Nobelpreis?   61

Wie sind die Alpen entstanden?   67

Wie kommt der Film auf die
Leinwand?   73

Was ist Schächten?   77

Kommen Schnecken mit ihrem
Haus auf die Welt?   81

Wer hat sich die Märchen
ausgedacht?   85

Was ist Tollwut?   89

Warum reiben Fliegen
ihre Beine aneinander?   93

Wie entstehen siamesische Zwillinge? . .   97

III. IM WASSER –
vom Eisberg bis zu den Delfinen

Warum wird das Tote Meer
tot genannt?   103

Wieso können Schiffe
schwimmen?   107

Warum müssen Delfine zum
Atmen auftauchen?   113

Wie kommt der Sprudel in
die Limoflasche?   117

Was passiert am Bermuda-Dreieck?   121

Was ist ein Eisberg?   125

IV. IN DER LUFT –
vom Bumerang bis zum Ultraschall

Wie funktioniert Solarenergie? 129

Wie finden Störche ihren
Weg in den Süden? 133

Wieso verfärben sich die
Blätter im Herbst? 139

Woher kommt der Bumerang? 143

Was ist Radioaktivität? 147

Was ist Ultraschall? 153

V. RUND UM DEN KOPF –
vom Zähneklappern bis zum Zungenbrecher

Warum klappern wir beim Frieren
mit den Zähnen? 159

Wieso können wir uns nicht
selbst kitzeln? 163

Warum versprechen wir uns bei
Zungenbrechern immer? 167

Wozu brauchen wir Melanin? 171

Wie funktioniert das Schlucken? 175

Warum bekommen wir Löcher
in den Zähnen? 179

Wieso können Haare
spröde werden? 183

VI.   IM ALLTAG –
      von Käselöchern bis Pupsen

Wie fließt der Strom durch
die Leitung? 189

Wie kommen die Löcher in den Käse? . . 193

Was ist Schimmel? 197

Wie kommen die Nachrichten aus
aller Welt ins Radio? 203

Wieso tut Muskelkater weh? 209

Wie funktioniert ein Reißverschluss? . . . 213

Warum müssen wir pupsen? 217

DAS LABYRINTH 223

GROSSES WISSENSQUIZ
FÜR SCHLAUE KÖPFE 224

Expertenliste

Hayrettin Aydin, Islamforscher am Zentrum für Türkeistudien, Essen

Prof. Dr. Peter Berthold, Ornithologe bei Vogelwarte, Radolfzell

Dr. Robert Langguth, Zahnarzt, München

Dr. Annemarie Laubscher, Ethnologin am Staatlichen Museum für Völkerkunde, München

Dr. Eckart Lensch, Neurologe bei DKD, Deutsche Klinik für Diagnostik, Wiesbaden

Claudia Lerner, Diplom-Logopädin, München

Prof. Dr. Harald Lesch, Theoretischer Astrophysiker und Naturphilosoph an der Ludwig-Maximilians-Universität, München

Ernst Ostermeier, Molkereimeister im Käsewerk, Bad Aibling

Jörg Paas, Nachrichtenkorrespondent des Bayerischen Rundfunks, München

Dr. Michael Sachweh, Meteorologe, München

Georg Sahnen, Luftverkehrsexperte und Redakteur beim Hessischen Rundfunk, Frankfurt

Yunus Ulmsuy, Moslem und Wissenschaftler am Zentrum für Türkeistudien, Essen

Monika Unglert, Landwirtin, Puchheim bei München

Denise Wenger, Diplom-Biologin von der Gesellschaft zur Rettung der Delfine, München

Felix Würtenberger, Diplom-Physiker, Berlin

Liebe neugierige Leserinnen und Leser,

angefangen hat alles im Herbst 1999, mit einem alten Anrufbeantworter im Kinderfunk des *Bayerischen Rundfunks* in München, wo ich seit einigen Jahren als freie Journalistin arbeite. Den AB haben wir extra für eine neue Radio-Kindersendung eingerichtet und seither speichert er alle Fragen, die unseren Hörerinnen und Hörern im Alter zwischen sechs und zehn Jahren auf den Nägeln brennen. Das sind ziemlich viele, denn Kinder können einem Löcher in den Bauch fragen: zu Tieren, zu Menschen, zum Weltall, zur Technik, zum Sport, zur Geschichte, zur Kunst, zum Alltag – *alles* wollen sie wissen, unsere »Radio-Kinder«. Wenn man eine Hitliste aufstellen sollte, dann kämen Fragen rund um den Körper an erster Stelle, Nummer zwei wären welche rund ums Tierreich und schon an dritter Stelle stünden solche zum Thema Technik und Weltall. Wann immer ich im Kinderfunk arbeitete, blinkte das rote Licht am Anrufbeantworter, was so viel hieß wie: Es sind neue Wer-, Wie-, Warum-, Was-, Wann-Fragen darauf. Mein Kollege und ich kamen und kommen mit dem Beantworten kaum noch nach. Wir können ja immer nur eine kleine Menge der vielen Themen einmal pro Woche im Radio unterbringen.

Das *HÄH?-Lexikon*, wie unsere Radio-Erklärstücke
heißen, ist ein großer Erfolg. Mein erstes habe ich für
Nikolas verfasst, der wissen wollte: »*Wie funktioniert ein Reißverschluss?*«

Einfache Sache, dachte ich damals. Ich holte mir
meinen Winteranorak und untersuchte das Ding so
ausführlich wie möglich. Obwohl mir das Prinzip
schnell klar war, fiel es mir schwer, diesen Alltags-
gegenstand so zu beschreiben, dass dabei Bilder im
Kopf entstanden. Mein Redakteur ermunterte mich,
nach dem ersten Versuch einen zweiten zu starten.
Wir hatten uns im Kinderfunk vorgenommen, nicht
nur trockene Sachinformationen zu senden, sondern diese mit fantasievollen Geschichten auszu-
schmücken. Jetzt läuft das HÄH? schon seit vier
Jahren im Radio. Einige der mittlerweile über 60 Er-
klärstücke von mir findet ihr in diesem Buch.

In meinen Texten erzählt euch mal ein uralter Ge-
birgs-Troll, wie er die Entstehung der Alpen mit-
erlebt hat, einmal verrät euch eine Fliege, wie sie mit
ihren Beinen schmecken kann, und ein anderes
Mal taucht ihr in die Welt von 1912 ein, in der das
berühmte Schiff *Titanic* unterging. Bei den Antworten haben mir auch Experten geholfen. Woher soll
ich schließlich ganz genau wissen, warum Schiffe
schwimmen können oder wie Störche den richtigen
Weg in den Süden finden oder warum wir von der
Erde nicht herunterfallen, obwohl sie sich dreht? Für
Radiohörer zu schreiben, ist etwas anderes als für
Leser eines Buches. Im Buch fehlen die Geräusche,
die Stimmen der Sprecher, die Musik. Also habe ich

die Texte für das Buch umgearbeitet und teilweise neu verfasst. Außerdem gibt es jetzt zwei Rätsel für euch. Damit könnt ihr spielerisch testen, ob ihr alles verstanden habt.

Leider konnte ich nicht alle Fragen der Kinder mit ins Buch hineinnehmen, weil sich manches nicht einfach so auf zwei, drei Seiten erklären lässt (etwa warum wir uns in bestimmte Menschen verlieben und in andere nicht oder warum man Menschen nicht klonen darf …). Und manchmal frage ich mich auch, ob wir Menschen überhaupt alles erklären können. Könnte es nicht sein, dass eine Fliege tatsächlich mit den Vorderbeinen *friert*, wir es nur nicht wissen (siehe Seite 93)? Und vielleicht gelingt es uns ja sogar irgendwann, wie Pippi Langstrumpf an Decken entlangzulaufen (siehe Seite 53)!

Ich selbst habe durch meine HÄH?-Arbeit auch viel Neues entdeckt. Jetzt, nachdem ich alles aufgeschrieben habe, kenne ich die Antwort auf meine Frage: *»Wie entsteht ein Buch?«*

Von der Idee, eins zu schreiben, bis zu dem Moment, an dem das fertige Buch auf dem Ladentisch liegt, vergehen einige Monate (manchmal sogar Jahre). Die Texte müssen geschrieben, von der *Lektorin* überarbeitet und vom *Hersteller* gesetzt werden. Dann kommen die Bilder der *Illustratorin* hinzu. Nun wird alles gedruckt, aber nicht auf kleine, sondern auf riesige Seiten, so genannte *Fahnen*. Danach liest der *Korrektor* die Texte noch einmal auf Rechtschreibfehler durch und prüft alles mögliche andere. Dann wird das Buch gedruckt. Am Schluss wird es noch gebunden, bekommt einen Umschlag und wird an Buchhandlungen verschickt.

Die Welt ist bunt und es gibt noch eine Million Rätsel zu lösen: Im Kinderfunk blinkt der Anrufbeantworter tagaus, tagein – ein Zeichen dafür, dass ihr neugierig und aufmerksam durch die Weltgeschichte lauft (und dafür, dass alte Anrufbeantworter erstaunlich lange leben können!). Ohne die Radio-Kinder hätte es die spannenden Fragen nicht gegeben und ohne die Experten (siehe Namensliste) nicht die Antworten. Ohne meinen Mann, die Idee meiner guten Freundin Andrea und des Verlags nie das Buch. Ich danke allen ganz herzlich dafür!

Jeder, der Fragen hat, kann im Kinderfunk des Bayerischen Rundfunks einfach auf den Anrufbeantworter sprechen. Tel.: 089–59004664. Ihr könnt auch eine E-Mail schicken: entweder über unsere Homepage

www.br-kinderinsel.de

oder an

kinderfunk@br-online.de.

Ich antworte bestimmt, versprochen!

Und jetzt viel Spaß beim Lesen, Nachdenken, Spielen und Mitmachen!

Eure Isabelle

I
ÜBER DEN WOLKEN –

von der Milchstraße
bis zum Flugschreiber

Wachsen Bäume
auf der Milchstraße?

Charlotte, 6 Jahre

In der Geschichte *Peterchens Mondfahrt* steht in dem Kapitel »Die Schlittenfahrt auf der Milchstraße« Folgendes:

»Noch nie sind Kinder so schön gefahren, wie Peterchen und Anneliese in Sandmanns Mondschlitten auf der Milchstraße zum Schloss der Nachtfee fuhren. [...] Mächtige Bäume wuchsen zu beiden Seiten der Milchstraße; durchsichtig waren sie mit großen, weißen Blumen bedeckt. Das sind die Milchbäume, erklärte das Sandmännchen.« [*]

Würdet ihr auch gerne einmal wie Peterchen auf einem Schlitten über die Milchstraße gleiten? Oder sie vielleicht mal trinken? Das funktioniert leider nicht. Selbst wenn das ginge, würde es ganz schön »pieksen«, denn die Milchstraße besteht aus über 200 Milliarden Sternen. Die Sonne gehört, wie alle anderen Sterne, auch zur Milchstraße dazu. Weil die Sterne alle relativ dicht – wie auf einem Band aufgereiht – beieinander liegen, können wir in einer klaren Nacht ungefähr 1 000 davon mit dem bloßen Auge sehen: als weißen Nebel ganz weit oben im Himmel.

Die Milchstraße gehört zu einer *Galaxie*, also einer Sternenfamilie. Galaxien können verschiedene Formen haben.

Die Milchstraße könnt ihr euch am besten wie eine Feuerspirale vorstellen, wie ihr sie vielleicht von Silvester kennt. Sie verläuft nicht gerade, sondern gebogen. Und dann dreht sie sich auch noch. Die vielen Sterne liegen ganz dicht nebeneinander in ihren Spiralarmen. Straße nennen wir sie nur, weil sie von der Erde aus als weiße Linie zu erkennen ist. Bäume wachsen da oben auf den Sternen natürlich nicht. Die gibt es nur in der Geschichte von Peterchens Mondfahrt.

---

* *Peterchens Mondfahrt. Ein Märchen* von Gerdt von Bassewitz, München 1999

Warum ist der Himmel blau?

Jonas, 8 Jahre

Wie ihr wisst, ist der Himmel gar nicht immer blau. Welche Farbe hat er zum Beispiel heute? Manchmal ist er blau-weiß getupft. Bei Gewitter färbt er sich grau. Und beim Sonnenuntergang wird er rot-orange oder sogar pink. Nur an klaren Tagen wirkt er blau.

Das hat nur etwas damit zu tun, wie sich das Sonnenlicht in der *Atmosphäre* verändert. Die Atmosphäre ist die Hülle, die sich wie ein breiter Ring um die Erde schmiegt. Sie besteht aus vielen unsichtbaren Luftschichten und winzigen Teilchen, die übereinander gestapelt sind – wie die Stockwerke in einem Hochhaus. Das Sonnenlicht strahlt in allen Farben des Regenbogens, also in Violett, Blau, Grün, Gelb, Rot durch diese Schicht auf die Erde.

Wenn ein Sonnenstrahl durch die Atmosphäre auf die Erde trifft, verhalten sich die einzelnen Farben dabei ganz unterschiedlich. Denn Farben – also Licht – fließen in Wellen zu uns. Rotes und gelbes Licht strömt in langen Wellen fast geradewegs und zielstrebig auf die Erde zu. Aber blaues Licht bleibt an den meisten winzigen Teilchen der Atmosphäre hängen. Es prallt an den Staub-, Rauch- und Schmutzteilchen ab und zerstreut sich in alle möglichen Richtungen. Dadurch werden die blauen Anteile des Lichts viel stärker zwischen den Luftteilchen hin und her geworfen als die gelben und roten. Weil die Teilchen in der Atmosphäre vor allem das blaue Licht wegstoßen und streuen, scheint der Himmel blau.

Jetzt seid ihr dran:

Ihr könnt selbst ausprobieren, wie sich Licht zerstreuen lässt, und euch davon überzeugen, dass zerstreute Farben besser von uns gesehen werden können. Ihr braucht dazu:

- einen Wasserfarbkasten
- einen Pinsel
- einen Wasserzerstäuber (Blumenbesprüher)

So funktioniert's: Füllt einfach frisches Wasser in den Zerstäuber. Dann taucht ihr einen nassen Pinsel ins blaue Farbtöpfchen eures Malkastens. Den Pinsel mit der Farbe dran haltet ihr in den Wasserzerstäuber. Das wiederholt ihr mehrere Male, bis das Wasser blau ist. Und jetzt geht ihr am besten auf die Terrasse oder den Balkon und sprüht kräftig los. Ihr werdet sehen: Die Luft um euch herum wirkt für kurze Zeit himmelblau, obwohl die Luft in Wirklichkeit gar nicht blau ist.

Was ist ein Flugschreiber?

Sarah, 10 Jahre

In jedem Flugzeug, das mehr als zehn Sitze hat, liegt hinten im Heck ein Kasten – ähnlich groß wie ein Schuhkarton: die *Black Box*, das heißt übersetzt »schwarzer Kasten«. Zwei wichtige Aufnahmegeräte sind darin untergebracht: der Flugdatenschreiber (*flight data recorder*) und der Stimmenrekorder (*cockpit voice recorder*). *To record* heißt auf Englisch »aufzeichnen«. Beide Geräte leuchten knallorange.

Der Flugschreiber ist so etwas wie ein Aufnahmegerät, das alles abspeichert, was während eines Fluges an technischen Dingen passiert. Er kann über 300 Informationen gleichzeitig aufzeichnen: zum Beispiel die Höhe des Flugzeugs oder seine Geschwindigkeit, die Fluglage, das Verhalten der Triebwerke oder der Steuerklappen. Alle diese Daten landen auf einem Magnetband, das die Informationen aufnimmt und abspeichert. Der Stimmrekorder zeichnet den gesamten Funkverkehr zwischen Piloten und Bodenkontrolle auf sowie sämtliche Gespräche, die während eines Flugs zwischen dem Piloten und seiner Besatzung geführt werden.

Beide Geräte zusammen sind also so etwas wie das Gehirn des Flugzeugs. Wie unser Gehirn vom harten Schädel geschützt wird, so schützt der Kasten aus Spezialstahl die Rekorder vor Hitze und Flüssigkeit. Wenn im Flugzeug ein Brand ausbricht, dann passiert den Bändern mit den wichtigen Informationen darauf meistens gar nichts. Sogar Kerosin, der Treibstoff von Flugzeugen, kann die Bänder nicht angreifen. Das muss auch so sein! Die Informationen sind sehr wichtig, zum Beispiel, wenn das Flugzeug abstürzt. In vielen Fällen können die Menschen mithilfe des Flugschreibers und des Stimmrekorders herausfinden, aus welchen Gründen ein Flugzeug abgestürzt ist. Hat der Pilot einen Fehler gemacht? Gab es eine technische Panne?

Selbst das Salzwasser der Meere kann nicht durch den Stahlkasten dringen. Wenn eine Maschine eine Notlandung auf dem Meer machen muss oder sogar untergeht, passiert der Black Box zunächst einmal nichts.

Aber wie finden die Menschen die Geräte, wenn sie irgendwo im Meer umherschwimmen oder auf dem Meeresgrund liegen? Auch dafür ist gesorgt: Sobald der Kasten ins Meer fällt, sendet er automatisch SOS-Hilfesignale über *Ultraschallwellen* (siehe Seite 153) aus. Spezialtaucher machen sich dann auf die Suche. Das kann unter Umständen lange dauern – so leicht findet man die Box nicht im riesigen Ozean. Finden die Taucher die Bänder innerhalb von vier Wochen, dann sind meistens alle Aufzeichnungen drauf. Bleiben sie aber länger als einen Monat im Meer verschollen, gehen nach und nach die Daten verloren. Unser Gedächtnis kann sich ja auch nicht ewig alles merken.

Bei der Flugunfalluntersuchungsstelle werden die Magnetbänder entziffert und nach Informationen abgehört. Auf diese Weise können Experten herausfinden, wie es zu dem Unglück gekommen ist. Manche Daten schluckt der Flugschreiber aber auch auf geheimnisvolle Weise. Vielleicht heißt er deshalb Black Box, weil dann nur noch schwarze Löcher auf dem Band sind?

Wie entsteht ein Gewitter?

Annika, 9 Jahre

Vor dem Freitag, dem Tag der Göttin *Frija*, die für die Liebe steht, kommt der Donnerstag, der Tag des Donners. Der wird dem Gott *Thor*, dem Donnergott, zugeordnet. Jeder unserer Wochentagsnamen geht nämlich auf einen bestimmten germanischen Gott zurück. Stellt euch vor: Heute ist Donnerstag und draußen vor eurem Fenster ziehen grau-schwarze Wolken am Himmel entlang. Kleine Gewitterfliegen tanzen durch die Luft. Da zuckt auch schon ein Blitz durch die Wolken! Keine Angst: In einem Haus kann euch nichts passieren. So gut wie alle Häuser haben einen Blitzableiter. Ihr könnt also in Ruhe und Sicherheit beobachten, wie es draußen zugeht. Auch im Auto seid ihr sicher – das leitet den Blitz automatisch einfach von sich weg.

Sobald der Blitz den Himmel durchzuckt hat, könnt ihr zählen (1, 2, 3 …), wie viele Sekunden es dauert, bis der Donner kommt. Wenn ihr dann die Zahl, zum Beispiel sechs Sekunden, durch drei teilt (sechs durch drei ist zwei), wisst ihr, dass das Gewitter ungefähr zwei Kilometer von euch entfernt ist. Den Blitz sieht man bei einem Gewitter immer zuerst, noch bevor man das Grummeln hört. Das liegt daran, dass das Licht, das in Wellen zu uns auf die Erde kommt, viel schneller ist als die unsichtbaren Schallwellen. Warum blitzt es überhaupt?

Der Blitz ist nichts anderes als der plötzliche Ausgleich einer elektrischen Spannung. Diese entsteht manchmal, wenn warme Luft nach oben in kalte Luftschichten steigt. Das macht sie automatisch – warme Luft ist leichter als kalte. Deshalb gewittert's an heißen Tagen besonders häufig: Da prallen die warmen Luftmassen förmlich auf die kühlen. Und dann ist in den Wolken die Hölle los: Winde wirbeln durcheinander, steigen und fallen mit großer Geschwindigkeit. Diese Winde reiben aneinander und durch die Reibung entsteht Wärme, also elektrische Ladung.

Mal rast der Blitz von einer Wolke zur Erde und mal zwischen zwei Wolken hin und her. Schnell ist er immer: Mit einer Geschwindigkeit von etwa 300 000 Kilometer pro Sekunde entlädt er sich. Und Geräusche macht er auch: Er zischt! Warum eigentlich? Das liegt daran, dass Sauerstoff in der Luft verbrennt, und dann gibt es – ähnlich wie bei einer Peitsche, die man durch die Luft schlägt – eine Druckwelle. Die Luft stürzt nach, klatscht mit der anderen Luft zusammen und es zischt. Völlig ungefährlich ist dagegen der Donner. Der macht zwar Krach, als würde die Welt untergehen, kann euch aber rein gar nichts anhaben. Der Donner entsteht durch die unglaublich schnelle Ausdehnung der vom Blitz heiß gemachten Luft. Diese Luftmasse breitet sich explosionsartig aus. Die Druckwelle, die dadurch entsteht, können wir als rollendes und krachendes Donnergeräusch hören.

Meine Tipps für euch:

So könnt ihr euch draußen vorm Blitz schützen:

Tipp Nummer 1 – Ihr solltet euch wirklich NIE bei Gewitter unter einen Baum stellen. Der Blitz wählt sich nämlich immer den kürzesten Weg zwischen Himmel und Erde. Er sucht sich zum Einschlagen gerne hohe, herausragende Punkte – wie zum Beispiel Bäume. Wenn der Blitz den Baum trifft, unter dem ihr gerade steht, kann der Baum umfallen und auf euch stürzen. Oder die elektrische Ladung fließt durch den Baum in euch hinein und ihr verbrennt.

Tipp Nummer 2 – Wenn es gewittert, dürft ihr euch NIE im Wasser (Schwimmbad, See oder Meer) aufhalten. Denn Wasser leitet Strom besonders schnell und gut – und zwar zu euch hin!

Wenn ihr das beachtet, kann euch nichts geschehen. Am besten, ihr sucht bei Gewitter immer gleich ein Haus oder ein Auto auf.

II

AUF DER ERDE –

von den Alpen bis zum
Nobelpreis

Warum fallen wir nicht von der Erde, obwohl sie sich dreht?

Elisabeth, 10 Jahre

Neulich hatte ich einen richtigen Albtraum: Darin konnte sich die Erde plötzlich nicht mehr bewegen – weder um sich selbst noch auf ihrer Bahn um die Sonne herum. Alle anderen Planeten umkreisten wie gewohnt die Sonne und drehten sich um sich selbst. Aber für die Menschen, Pflanzen und Tiere war der Erd-Stillstand eine Katastrophe: Auf einer der bauchigen Hälften der Erde herrschte ununterbrochen finstere Nacht und auf der anderen heller Tag. Jahreszeiten gab es auch keine mehr. Alle Lebewesen purzelten von der Erde herunter – ins All hinein. Aber genug davon, zum Glück war es nur ein Traum.

In Wirklichkeit dreht sich die Erde wie ein Karussell um ihre eigene Achse herum, ohne Pause. Für eine komplette Drehung um sich selbst braucht sie genau 24 Stunden, also einen Tag. Zusätzlich kreist die Erde auf ihrer eigenen *Umlaufbahn* um die Sonne herum. Die Umlaufbahn ist übrigens nicht kreisförmig, sondern oval – so wie ein Ei. Für eine Sonnenumrundung braucht die Erde ein Jahr, also zwölf Monate. Diese Bewegungen finden bei ungefähr

30 Kilometern pro Sekunde statt. Das sind rund 107 000 Kilometer pro Stunde, also wahnsinnig schnell. Und trotzdem spüren wir die Geschwindigkeit gar nicht.

Mit ihrer Begabung zur Doppeldrehung ist der Planet Erde nicht alleine. Alle anderen acht Planeten des Sonnensystems, dazu gehören zum Beispiel auch Mars, Merkur und Venus, bewegen sich ebenfalls auf ihrer eigenen Umlaufbahn um die Sonne. Alles, was lebt, dreht sich einfach mit. Würde die Erde plötzlich stehen bleiben, wäre alles aus dem Lot und wir müssten sterben. Selbst wenn die Erde es noch so sehr wollte, sie könnte ihre eiförmige Straße niemals verlassen. Dafür sorgt die Sonne. Diese hat eine ungeheure Kraft und zieht alle Planeten an – wie ein Magnet.

Wenn die Erde die Sonne nicht umkreisen würde, würde sie auf den heißen Planeten zufliegen und irgendwann draufstürzen. Aber durch die Kreisbewegung entsteht eine Kraft, die Fliehkraft. Die drückt die Erde nach außen, von der Sonne weg. Durch dieses Gleichgewicht der Kräfte fällt die Erde nicht von ihrer Bahn herunter. Auch die Erde selbst verfügt – wie alle übrigen Planeten – über eine eigene Anziehungskraft. Die ist nicht so stark wie die der Sonne, aber sie reicht, um uns Menschen, Tiere und Pflanzen nicht zu verlieren. Die Erde zieht alles zu ihrem Mittelpunkt. Auf diese Weise bleiben wir einfach auf ihr »kleben«. Zum Glück!

Jetzt seid ihr dran:

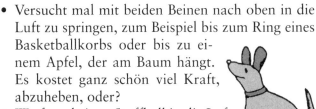

Ihr könnt euch selbst von der Anziehungs-kraft der Erde überzeugen:

- Versucht mal mit beiden Beinen nach oben in die Luft zu springen, zum Beispiel bis zum Ring eines Basketballkorbs oder bis zu einem Apfel, der am Baum hängt. Es kostet ganz schön viel Kraft, abzuheben, oder?
- Werft mal einen Stoffball in die Luft und beobachtet, was passiert. Er fällt immer herunter.

Was ist eine Lawine?

Moritz, 7 Jahre

Wenn ihr im Winter zum Skifahren geht, ist euch sicher schon einmal aufgefallen, dass es an Berghängen unterschiedlichen Schnee gibt: den pulvrigen, den weichen, den harten, den klebrigen oder den zu Eis gefrorenen Schnee. Das hängt immer damit zusammen, auf welche Stelle der Schnee gefallen ist und wie die Temperatur draußen ist. Bei Kälte friert der Schnee und bei Sonne wird er matschig.

Eine einzelne Schneeflocke besteht aus vielen sternförmigen Schneekristallen. Diese können klein und rund sein oder groß und eckig. Für eine *Schneebrettlawine*, so heißt die Lawine, die sich häufig bildet, muss der Schnee ganz besondere Eigenschaften haben: Er muss aus *eckigen* Kristallen bestehen. Auf diese Weise können sich die einzelnen Schneeflocken – wie beim Klettverschluss – besser ineinander verhaken und so eine feste Schneeschicht bilden.

Wenn es diese Schneeflocken mit den eckigen Kristallen vom Himmel schneit, fallen sie auf eine Schicht von altem, hartem Schnee. So kommt Schicht für Schicht neuer Schnee dazu. Der Neuschnee legt sich wie eine schwere, kalte Decke lose über den Altschnee. Wird diese Decke so schwer, dass sie keinen Halt mehr findet, rutscht sie irgendwann als Schneemasse ab. Dafür muss zum Beispiel eine Erderschütterung, ausgelöst etwa durch ein Reh oder durch eine Pistenraupe, diesen Neuschnee lostreten. So kommt es zu einer Schneebrettlawine: Die Schneemasse fällt wie ein hartes Brett ins Tal.

Wenn dann der Hang, auf dem der Schnee losgetreten wird, auch noch besonders steil abfällt, kann eine Schneebrettlawine ein irrsinniges Tempo entwickeln. So eine Lawine reißt alles mit, was ihr in den Weg kommt – wie eine große Welle. Deshalb sind am Fuß von besonders steilen Hängen manchmal hohe Dämme aus Beton gebaut. Die Betonwände schützen Menschen, Tiere und Häuser vor der Wucht der Schneemassen.

Eine *Staublawine* kann bis zu 80 Meter in einer Sekunde nach unten rutschen. Außerdem wird bei ihr der Schnee durch die Luft gewirbelt, so dass unendlich viel Schneestaub dabei entsteht. Voraussetzung für die Staublawine ist, dass es in den Tagen zuvor viel Neuschnee gegeben hat, der sich leichter von den Hängen ablösen kann.

Damit es auf Skipisten erst gar nicht zu Lawinen kommen kann, walzt die Pistenraupe den Neuschnee immer wieder platt und presst so alle Schneeschichten fest zusammen. Dadurch kann sich die eine Schneeschicht von der anderen nicht mehr ablösen. In Skigebieten gibt es außerdem Schneeexperten, die sich mit Wind, Eis und Wetter besonders gut auskennen und unter bestimmten Voraussetzungen Lawinenwarnungen aussprechen. Bei Lawinengefahr lassen sie sicherheitshalber ganze Hänge sperren.

Mein Tipp für euch:

Bleibt im Skiurlaub immer auf den geöffneten und ungefährlichen Pisten und hört auf die Lawinenwarnungen. Dann seid ihr ganz sicher.

Woher kommen die Olympischen Spiele?

Miriam, 8 Jahre

Citius, altius, fortius – so lautet das Motto der Olympischen Spiele in lateinischer Sprache. Auf Deutsch heißt das: »schneller, höher, weiter«. Wie ihr bestimmt wisst: Die Sportlerin oder der Sportler, der am schnellsten, höchsten oder weitesten ist, gewinnt die Goldmedaille. Der Zweitbeste kriegt Silber und die Nummer drei Bronze.

Die Olympischen Spiele gibt es schon seit knapp 2800 Jahren – die alten Griechen haben sie erfunden. Auch früher versammelten sich die sportlichen Griechen alle vier Jahre, um das größte und bedeutendste der zahlreichen Feste zu feiern – und zwar in der Stadt Olympia – die liegt auf dem Peloponnes in Griechenland. Für die Griechen waren die Spiele weit mehr als ein sportlicher Wettkampf: Sie widmeten all ihre Kräfte und Leistungen ihrem höchsten Gott *Zeus* und seiner Frau *Hera*. Olympia galt als heiliges Gebiet. Auf dem viereckigen, riesengroßen Platz standen zwei prächtige Tempel: Der größere, prunkvollere gehörte Zeus, der kleinere Hera. Außerdem lagen auf dem heiligen Platz viele Herbergen, Bäder, Thermen und Schatzhäuser und natürlich das große Stadion für die Olympischen Spiele. Die Überreste der Tempelanlagen und des Stadions kann man heute noch besichtigen: Unzählige Griechenlandreisende wandern jedes Jahr in den alten Mauern herum und bewundern den übrig gebliebenen Rest des berühmten Ortes.

Bei den antiken Sommerspielen, die 776 vor Christus zum ersten Mal im Stadion auf dem Olymp stattfanden, gab es sportliche Disziplinen wie den Stadionlauf (192 oder 4600 Meter), den Faustkampf und das Wagenrennen. Der *Fünfkampf* war einer der Höhepunkte der Sportveranstaltung: Er bestand aus Laufen, Speerwerfen, Diskuswerfen, Ringen und einem Fünfsprung aus dem Stand. Auch der *Waffenlauf* war ein großes Ereignis: ein Wettrennen, ganz ähnlich dem heutigen Staffellauf, in dem ein Läufer seine Waffe an den nächsten weitergab.

Die Olympischen Spiele waren nicht nur das bedeutendste Sportfest, sondern auch ein großes gesellschaftliches Ereignis im alten Griechenland. In das Stadion passten rund 40000 Menschen – besser gesagt: Männer. Denn in der Antike war es Frauen strengstens verboten, das Stadion zu betreten. Auch die Athleten, die keuchend und schwitzend die Wettkämpfe bestritten, waren alle Männer. Die Zuschauer jubelten tagelang auf den Rängen der riesigen Tribünen.

Bei keinem der Feste durfte das berühmte olympische Feuer fehlen, das ursprünglich in einer großen Tonschale brannte. Es wurde zu Ehren der Götter entzündet und durfte niemals erlöschen. Es erlosch dann aber doch über 1100 Jahre, nachdem die ersten Spiele ausgetragen wurden: Kaiser Theodosius setzte die Spiele ab. Ihm war das Sportereignis nicht christlich genug. Zum Glück leitete 1896 dann ein Franzose, nämlich Pierre Coubertin, die ersten olympischen Spiele der Neuzeit wieder ein. Sie fanden in Athen, der Hauptstadt von Griechenland, statt. Und dabei brannte auch wieder das olympische Feuer.

Dieses ewige Feuer spielt auch heute noch eine große Rolle. Auf dem Peloponnes wird alle vier Jahre eine brennende Fackel entzündet und per Schiff, Flugzeug oder Bahn in jenes Land gebracht, in dem die Olympischen Spiele der Neuzeit gerade stattfinden. Bei den letzten Olympischen Spielen im Jahr 2000 haben ganz viele verschiedene Läufer die Fackel von Griechenland nach Australien gebracht – ein weiter Weg! Die Sportwettkämpfe fanden in Sydney statt, in der größten Arena der Geschichte der Olympischen Spiele. Da passen ungefähr 100 000 Menschen hinein.

Sobald die olympische Fackel im Stadion feierlich brennt und die olympische Flagge mit den fünf bunten Ringen im Wind weht, gilt für alle Teilnehmer das Motto  *Citius, altius, fortius* oder auf Englisch: *Go for Gold!* – »Schnapp dir die Goldmedaille!«

Warum klopft der Specht?

Anton, 8 Jahre

Singvögel, wie etwa die Nachtigall oder das Rotkehlchen, unterhalten sich durch ihren Gesang. Sie senden sich untereinander verschiedene Zeichen zu – das ist ihre Sprache. Ein Specht kann nicht singen. Weil er ein Einzelgänger ist, muss er sich nicht andauernd mit seinen Artgenossen unterhalten können. Aber musikalisch und mitteilsam ist er trotzdem: Er klopft und hämmert wie wild. Gäbe es ein Vogelorchester, säße der Specht mit Sicherheit an der Trommel.

Alle Spechte sind begabte Trommler – egal ob Grün-, Grau-, Schwarz- oder Buntspechte. Je nach Spechtart klopfen sie unterschiedlich schnell und laut, so dass verschiedene Rhythmen entstehen. Ein Specht reagiert jeweils nur auf das Trommelzeichen, das für seine Art bestimmt ist. Der Buntspecht – das ist übrigens der bekannteste und bei uns am weitesten verbreitete Specht – schlägt in einer einzigen Sekunde 30-mal seinen Schnabel in den Stamm einer Tanne. Versuch ihn einmal, 30-mal pro Sekunde auf eine Tischplatte zu klopfen, das schafft ihr nie. Nein, bloß nicht mit der Nase ausprobieren – das tut weh!

Der Buntspecht klopft aber nicht etwa, weil er Musik machen will, sondern weil er damit zur Paarungszeit ein Weibchen anlocken möchte. So wie die Singvögel ihrer Geliebten ein Ständchen trällern, haut der Buntspecht für die Dame seines Herzens ordentlich auf die Pauke. Das funktioniert auch andersherum – Trommeln können auch die Weibchen. Es bedeutet: *»Ich suche ein Männchen oder ein Weibchen.«*

Mit der Trommelei grenzt der Buntspecht auch sein Revier ab. Er teilt den anderen Vögeln im Wald mit: *»Kommt nicht zu nah, hier bin ich zu Hause!«* Damit das Signal durch den ganzen Wald hallen kann, braucht der Buntspecht natürlich auch ein gutes Instrument. Das Instrument sind die Baumstämme und Äste. Hohle Äste klingen dabei besonders gut. Das Verrückte ist, dass der Buntspecht bei seinen anstrengenden Übungen niemals Kopfweh oder gar eine Gehirnerschütterung bekommt. Sein ganzer Körper ist auf das Hämmern vorbereitet: Am Schnabel hat er extrastarke Knochen und am Hinterkopf enorm kräftige Muskeln.

Wenn dann der Buntspecht ein Männchen oder Weibchen gefunden hat, und sich beide gepaart haben, hat das Trommeln noch immer kein Ende. Der Specht trommelt weiter. Seine Jungen brauchen schließlich eine Höhle und die muss er erst bauen. Spechte legen ihre Eier immer in Höhlen, nie in ein

Nest wie die meisten Vögel. Der Buntspecht sucht sich einen Stamm, der von innen her faul ist. Dann hat er nicht ganz so viel Arbeit wie bei einem gesunden, festeren Baumstamm. Männchen und Weibchen wechseln sich bei dem Höhlenbau ab. Sie hacken mit kräftigen Hieben in die Rinde und arbeiten sich langsam nach vorne. Nach zwei bis drei Wochen ist die weiche Höhle fertig. Jetzt fehlen nur noch die Nachwuchstrommler und die kommen bestimmt.

Der Specht klopft also nicht aus Langeweile, sondern um ein Weibchen anzulocken, sein Revier abzustecken und um die Höhle für seine Jungen zu bauen. Achtet doch beim nächsten Ausflug in den Wald einmal darauf, welche Vögel ihr singen hört und ob ein Trommler unter ihnen ist.

Was ist Bionik?

Milo, 11 Jahre

Ist euch schon einmal aufgefallen, dass die Saugnoppen eurer Badematte zu Hause wie die Füße von Tintenfischen aussehen? Oder habt ihr schon einmal bei einer Klette an den Klettverschluss am Schuh denken müssen? Erinnert euch ein *Airbus*-Flugzeug nicht auch an einen fliegenden Hai? Und wenn ihr bei Schwimmflossen an die Schwimmhäute von Enten denken müsst, ist das auch kein Zufall.

Im täglichen Leben stößt man ständig auf Gegenstände, die der Mensch sich von der Natur abgeschaut hat: Die Badewannenmatte heftet sich mit ihren Saugnäpfen am glatten Untergrund fest wie ein Tintenfisch im Meer. Mit ihren winzigen Widerhaken klammern sich die Kletten in das Fell eines Tieres oder in unsere Kleider. Nach diesem Prinzip hält auch der Klettverschluss die Laschen des Turnschuhs zusammen. Und der Airbus A 340 fliegt viel schneller, seitdem er mit einer Schicht überzogen wurde, die der Haut eines Haifisches gleicht. In diesem Fall haben Forscher herausgefunden, dass durch die glatte Oberfläche viel weniger Reibung in der Luft stattfindet, und dadurch verbraucht das Flugzeug pro Langstreckenflug weniger Treibstoff. Und das ist umweltfreundlich. So ein »fliegender Hai« kann 15 Passagiere mehr mitnehmen.

Für solche und viele andere Erfindungen und Konstruktionen hat der Mensch die Natur sehr genau beobachtet. Sich für die Forschung etwas bei Pflanzen und Tieren abzugucken: Das nennt man *Bionik*. Dieses Wort setzt sich aus den Anfangsbuchstaben von *Bio*logie und den Endbuchstaben von Tech*nik* zusammen. Das Wort Bionik ist noch nicht so alt, aber von der Natur haben sich schon vor 600 Jahren kluge Köpfe anregen lassen: der berühmte italienische Maler und Naturforscher Leonardo da Vinci zum Beispiel. Er träumte von der Kunst des Fliegens und deshalb beobachtete er Vögel. Seine Entdeckungen und Zeichnungen darüber, wie die Federn beim Auf- undabschlagen eines Flügels stehen, waren damals einzigartig.

Seit damals hat sich viel getan auf dem Gebiet der Bionik. Im Sommer 2003 haben Forscher beispielsweise einen Superkleber entwickelt – nach dem Vorbild von Geckos, diesen kleinen Echsen aus den Tropen, die blitzschnell über Häuserwände und Glasflächen flitzen oder an der Zimmerdecke sitzen können, ohne herunterzufallen. Geckos haben sich dafür aber nicht etwa einen Klebstoff unter ihre Füße geschmiert. Unter ihren Zehen sitzen Millionen von feinen Härchen und die heften sich wie Klebstoff an verschiedene Materialien. Wissenschaftler haben nach diesem Vorbild künstliche Superkleber-Härchen entwickelt. Der Gecko-Superkleber wirkt hervorragend. Der Test mit einer Puppe, die ungefähr 40 Gramm wiegt, hat gezeigt: Die Puppe klebt tatsächlich an der Decke.

Eines der bekanntesten Beispiele für Bionik ist die Lotusblume. Sie sieht so ähnlich aus wie eine Seerose und das Besondere an ihr ist: Ihre Blütenblätter werden nie dreckig, sie leuchten immer weiß oder rosa. Und das, obwohl die Blume oft in schlammigem Wasser steht. Für die Sauberkeit sorgen kleine Wachsnoppen an der Oberfläche der Blütenblätter. Sobald ein Wassertropfen auf das Blatt fällt, rollt er von Wachsnoppe zu Wachsnoppe und reißt den Schmutz mit. Genau dieses Putzverfahren soll jetzt für weiße Häuserfassaden eingesetzt werden.

Wenn fleißig weiter geforscht wird, gibt es vielleicht bald selbst reinigende Autos – nie mehr Autowaschen! Oder sie erfinden selbst reinigende Teppiche – nie mehr Staubsaugen! Am tollsten wäre es natürlich, wenn wir, wie Pippi Langstrumpf, alle kopfüber an Decken entlanglaufen könnten – dank eines Superklebers!

Haben Hühner einen Bauchnabel?

Laurin, 7 Jahre

Habt ihr schon einmal Urlaub auf einem Bauernhof gemacht und dabei die Kühe im Stall beobachtet, die streunenden Katzen hinter den Ohren gekrault und morgens frische Milch auf dem Frühstückstisch gehabt? Seid ihr auch mal in den Hühnerstall gegangen, um euch selbst euer Frühstücksei herauszuholen? Wenn ja, dann hat euch der Bauer sicher erklärt, welche Eier ihr nehmen dürft und welche nicht.

Jeden Tag legt eine Henne ein Ei, aber nicht alle sind zum Essen da. Aus manchen schlüpft ein Küken. Dazu muss der Hahn das Ei in der Henne befruchten – nur dann kann ein Küken entstehen. Um das Ei zu befruchten, muss der Hahn auf die Henne steigen und seinen Samen in ihre *Kloake* geben. Dann dauert es einen Tag, bis das Ei aus der Henne herausrutscht.

Nehmen wir zum Beispiel die Henne Frieda, die auf einem Bauernhof bei München wohnt. Vor zweieinhalb Wochen hat sie ein Ei gelegt. Jetzt hockt sie gackernd darauf und brütet und brütet und brütet. Während Frieda seelenruhig tagein, tagaus auf dem Ei sitzt, ist das Küken im Ei quicklebendig und bereitet seine Geburt vor. Was es alles im Ei erlebt, erzählt es euch selbst:

»Ich heiße Piepsi. Eigentlich habe ich noch gar keinen Namen, denn mich gibt es noch gar nicht auf der Welt. Aber fast: Noch liege ich ganz zusammengeknautscht in diesem Ei. Hier ist es zwar eng, aber schön warm. In wenigen Stunden habe ich es geschafft. Dann schlüpfe ich nach knapp drei Wochen aus dieser Höhle heraus. Ob es mir da draußen ebenso gut gehen wird wie hier im Ei? Hier habe ich schließlich alles, was ich brauche: Ich schwimme in einer weißen Brühe, im Eiweiß. Mhm, das schmeckt gut! Das Eiweiß kann ich trinken, wann immer ich Durst habe. Ich brauche in meinem Ei auch Luft, Essen und muss mit Blut versorgt werden. Von meiner Mutterhenne kriege ich das nicht alles. Sie hält mich zwar schön warm und brütet mich aus, aber ansonsten kommt von ihr nichts.

Alles, was ich zum Leben brauche, bekomme ich aus meinem Ei.

Das ist meine Vorratskammer. Neben dem flüssigen Eiweiß gibt es noch das Eidotter, auch Eigelb genannt. Sauerstoff zum Atmen, Nährstoffe – alles ist im Eidotter drin. Wie kommen aber diese lebensnotwendigen Sachen zu mir? Klar, über meine winzige Nabelschnur, die so dünn ist wie ein Faden und etwa einen Zentimeter lang. Meine Nabelschnur endet auf der einen Seite im Eidotter und auf der anderen an meinem Bauch.

Wie bei den Menschen – die erhalten ihre Nahrung im Mutterleib ja auch durch die Nabelschnur im Bauch.

Kurz bevor ich schlüpfe, passiert etwas ganz Verrücktes mit dem Eidotter, das nicht größer als ein Daumennagel ist und nur wenige Gramm wiegt: Es stülpt sich durch meinen Nabel in meinen Bauch hinein. Von diesem Eidotter kann ich dann die ersten drei Tage leben. Und meine Nabelschnur, die fällt einfach ab, sobald ich auf der Welt bin, spätestens nach einem Tag. Das spüre ich gar nicht. Mein Bauchnabel ist kaum zu sehen, weil meine Federn ihn gut verstecken. Aber ich kleine Piepsi fühle ihn, denn mein einer Flügel liegt genau auf ihm drauf.

So, langsam wird's mir hier echt zu eng und zu warm. Ich glaube, jetzt ist Schlüpfzeit. Schnell die Schale mit meinem Schnabel aufhacken und los geht's. Auf eins freue ich mich da draußen richtig: auf viel Platz. Und meine Mami freut sich auf mich!«

Jetzt hat es euch sogar direkt ein Küken verraten: Hühner haben tatsächlich einen Bauchnabel!

Wer kriegt den Nobelpreis?

Mira, 9 Jahre

Im November 1901 wurde in der schwedischen Hauptstadt Stockholm zum ersten Mal die mittlerweile weltberühmte Auszeichnung überreicht: der Nobelpreis. Der Name stammt von dem schwedischen Chemiker Alfred Nobel. Der erfand vor über 130 Jahren das Dynamit, also einen Sprengstoff. Diese Erfindung, die leider vor allem in Kriegen genutzt wird, ermöglichte es dem Schweden, viele Sprengstofffabriken in verschiedenen Ländern zu gründen. Dadurch wurde er ein sehr wohlhabender Mann. Um etwas Gutes zu tun, hinterließ er bei seinem Tod sein gesamtes Vermögen einer Organisation, die er damit beauftragte, jährlich den Nobelpreis zu verleihen. Und zwar an Menschen, die etwas Besonderes entdeckt, erforscht oder geleistet haben. Der Nobelpreis ist die weltweit angesehenste Auszeichnung, die ein Mensch heute bekommen kann. Wer ihn verliehen kriegt, kann stolz sein, denn er hat Enormes für die Menschheit getan.

Es gibt insgesamt sechs Preise: zwei für Naturwissenschaftler (also für Forscher aus Physik, Chemie, Biologie …), einen für Wirtschaftswissenschaftler, einen für Mediziner, einen für Schriftsteller und einen für Menschen, die sich für den Frieden in der Welt eingesetzt haben. Über jeden einzelnen Preis entscheidet eine Jury, die *Schwedische Akademie der Wissenschaften,* die sich aus drei bis fünf Personen (Schweden und Norwegern) zusammensetzt. Die Jury schlägt die Preisträger vor und überprüft deren Leistungen. Die Mitglieder entscheiden, wer mit einem Nobelpreis ausgezeichnet wird, und überreichen ihn dann an den Gewinner.

Manchmal überrascht die Auswahl der Jury allerdings. Der Schwedischen Akademie sind nämlich schon Fehler passiert – das ist ja nur menschlich. Wenn der Falsche einen Preis erhält – zum Beispiel für etwas, was er gar nicht selbst herausgefunden hat, oder für etwas, das gar keine richtige Neuheit ist –, dann ist die Überraschung groß.

So machte der Mediziner Johannes Fibiger 1913 angeblich *die* Entdeckung – fand er zumindest und dachten auch die Experten in der Nobelpreis-Jury. Der Däne fand heraus, dass ein Wurm die Krankheit Krebs auslösen kann. Für diese Entdeckung wurde ihm der Nobelpreis überreicht und Fibiger galt für eine Weile als einer der Größten in der Geschichte der Krebsforschung. Doch Pustekuchen! Kein anderer Forscher konnte Fibigers Zusammenhang zwischen dem Wurm und der Krankheit je bestätigen. Seine »Entdeckung« war ein glatter Irrtum.

Es ist auch schon vorgekommen, dass Per-

sönlichkeiten, die den Preis verdient hätten, keinen
erhalten haben – obwohl die ganze Welt darauf ge-
wartet hat. Das traf zum Beispiel auf einen der größten Politiker des letzten Jahrhunderts zu: Mahatma
Gandhi, in Indien geboren, stammte aus einer wohl-
habenden, religiösen Hindu-Familie. Zu Beginn des
letzten Jahrhunderts war Indien kein freies Land.
Die Engländer beherrschten und unterdrückten die
Inder. Mahatma Gandhi kämpfte für die Unabhän-
gigkeit seines Landes, und zwar auf einzigartige Weise: friedlich, ohne Waffen – nur durch Streiks und
Verhandlungen. Er rief alle Inder zum gewaltlosen
Widerstand gegen die englische Herrschaft auf.
Nach jahrzehntelangen Bemühungen befreite Gandhi Indien 1947 von den Engländern. Spätestens dann
wäre es an der Zeit gewesen, ihn mit dem Friedens-
nobelpreis zu bedenken. Leider verschlief die Jury
diese Gelegenheit. Ein Jahr danach war es bereits zu
spät: Mahatma Gandhi wurde auf offener Straße
von einem seiner Gegner erschossen.

Solche Irrtümer sind Ausnahmen. Die Jurymitglieder
haben unendlich vielen Persönlichkeiten den Nobelpreis zu Recht ausgehändigt. Zu denen gehört zum
Beispiel Mutter Teresa, die berühmte Ordensgründe-
rin aus Kalkutta in Indien: Sie hat 1979 den Frie-
densnobelpreis erhalten. In ihrer Heimat nannte man
sie den »Engel der Armen«, weil sie sich un-
ermüdlich für Waisen, Kranke und arme
Menschen eingesetzt hat. Mittlerweile ist
Mutter Teresa tot. Obwohl sie täglich
Leprakranken geholfen hat (tödliche Krank-

heit, die es überwiegend in Asien, Afrika und Südamerika gibt und bei der vor allem die Haut an
Nase, Kinn und Händen verunstaltet wird), hat sie
sich nicht angesteckt und ist sogar 87 Jahre alt geworden.

Habt ihr schon einmal von einem der folgenden ge-
nialen Köpfe gehört? All diese und noch viel mehr
Persönlichkeiten haben schon einen Nobelpreis bekommen:

- der Physiker Wilhelm Conrad Röntgen für die
  Entdeckung und Untersuchung der *Röntgenstrah-*
  len;
- die Chemikerin und Physikerin Marie Curie für
  die Erforschung der *Radioaktivität;*
- der Physiker Albert Einstein für die Erfindung der
  Relativitätstheorie;
- der Schriftsteller Thomas Mann für seinen Roman
  Die Buddenbrooks;
- der Dalai Lama (das Oberhaupt der Tibeter) für
  seinen Einsatz für den Frieden und die Völ-
  kerverständigung;

- der Politiker Simon Peres, ehemaliger
  Ministerpräsident von Israel, für die Ein-
  leitung des Friedensprozesses zwischen
  Israelis und Palästinensern.

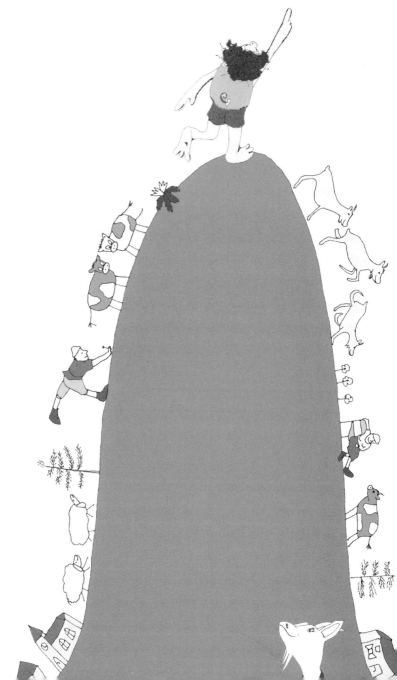

Wie sind die Alpen entstanden?

Marion, 7 Jahre

Neulich in den Alpen:

»Aua! Schon der zweite Stein, der mir heute auf den Kopf fällt. Immer auf die Kleinen. Ich bin nur so groß wie ein Daumen und immer kriege ich alles ab. Ach, ich werde alt, ich armer Troll. Eigentlich bin ich es ja längst. Ich habe schon mehrere Millionen Jahre auf meinem Buckel. Und einen Buckel habe ich wirklich. Ganz krumm und gebeugt kraxele ich hier herum. Ich bin sogar noch älter als das Gebirge, in dem ich lebe: Mein Zuhause sind die Alpen und die sind relativ jung – erdgeschichtlich gesehen. Falten haben sie trotzdem – mehr als ich. Deshalb gehören die Alpen zu den Faltengebirgen. Der Name hat was mit der Entstehung des Gebirges zu tun. Ich hingegen gehöre nicht zu der Familie der Faltentrolle, sondern zu der der Knubbelnasentrolle, denn unsere Nasen sind so breit und groß wie ein halber Daumennagel. Und auf unserer Nasenspitze sitzt ein schwarzer Punkt, den wir beim Schielen sehen können. Wir Knubbelnasentrolle haben noch etwas Besonderes: Unser kurzer Schwanz ist gekringelt wie bei einem Schwein.

Aber ich wollte ja etwas über die Alpen erzählen: Dieses Riesengebirge erstreckt sich über vier verschiedene Länder: die Schweiz, Italien, Österreich und Deutschland. Der höchste Gipfel in Deutschland liegt 2962 Meter über dem Meeresspiegel und heißt Zugspitze. Bevor die Alpen nach oben wuchsen –, das war vor ewigen Zeiten, vor etwa 90 Millionen Jahren nämlich –, bildete sich zunächst eine lang gestreckte Zone, die nach unten absackte, unter den Meeresspiegel. Die Alpen, diese vielen Berge, die in den Himmel ragen, waren zunächst ein tiefer, lang gezogener Graben. So sind übrigens auch alle anderen Faltengebirge entstanden: die Pyrenäen in Frankreich und Spanien sowie das mächtige Himalaja-Gebirge in Asien.

Wir Knubbelnasentrolle haben all die Millionen Jahre überlebt, denn wir sind unsterblich. Na ja, zumindest werden wir leben, solange die Menschen Geschichten von uns erzählen. Aber hier geht's ja gar nicht um mich, sondern um die Alpen.

Warum so ein tiefer langer Graben überhaupt entstanden ist? Das hängt mit den Plattenbewegungen der Erde zusammen. Unsere Erdoberfläche sieht aus wie ein riesiges Puzzle, das sich aus vielen Teilen zusammensetzt; die größten sind die sechs Erdplatten. Die bewegen sich andauernd: Sie schieben sich übereinander, sie schieben sich untereinander – sie sind immer in Bewegung. Das geht allerdings gaaanz langsam, so langsam, dass wir es nicht merken. Dabei entstehen Gräben. So ein Graben kann sich immer da bilden, wo sich eine der Platten unter eine andere schiebt. Durch den Graben kommt dann flüssiges, glühend heißes Gesteinsmaterial aus dem Erdinneren nach oben an die Erdkruste geschwappt. An der Luft verwandelt sich das flüssige Gestein nach und nach in feste Masse. Je nachdem, wie schnell es sich verhärtet, entstehen verschiedene Gesteinsarten: Granit, Schiefer, Kalk oder Sandstein.

So war das auch, als sich die Alpen und die anderen Faltengebirge gebildet haben: Da sich die eine Erdplatte an dieser Stelle immer weiter unter die andere geschoben hat, wurden die Gesteinsschichten in der Senke zusammengepresst. Das muss man sich mal vorstellen: Mächtige Gesteinspakete und Brocken wurden auf einer Strecke von vielen Kilometern gegeneinander gepresst und übereinander geschoben. Dabei wirkten riesige Kräfte und die kamen von den vielen Strömen, die im Inneren der Erde fließen. Das hat vielleicht einen Krach gemacht!

Auf diese Weise türmte sich immer mehr Gestein in Richtung Himmel auf und so sind unsere Alpen entstanden. Ihr höchster Gipfel, der Mont Blanc, ist fast 5 000 Meter hoch.

Und heute? Die Alpen verändern sich immer noch, denn die Erdplatten bewegen sich ständig weiter. Das heißt, die Berge müssten eigentlich weiter wachsen.

Tun sie aber nicht. Dass die Alpen nicht noch höher werden, dafür sorgen der Wind, das Gebirgswasser und die Temperatur. Diese drei Dinge tragen die Steine von oben regelmäßig ab. Immer wenn was nachwächst, wird es etwa im gleichen Maße wieder zersetzt.

Oje, da kommt schon wieder ein fetter Steinbrocken auf mich zugeflogen. Autsch! Der hat mich auf der Nasenspitze getroffen. Da haben wir's: Die Steine werden brüchig, beginnen sich zu lösen und werden zerlegt. Mir reicht's jetzt. Ich bin zwar unsterblich, aber ich habe doch auch Gefühle! Kommt mich doch mal besuchen – wenn einem nix auf die Nase fällt, macht Bergwandern großen Spaß.«

Wie kommt der Film auf die Leinwand?

Katharina, 10 Jahre

Stellt euch vor, ihr malt mit bunten Fingerfarben von innen Bäume auf eure Fensterscheiben. Von draußen scheint die Sonne ins Zimmer herein und wirft die Schatten der Bäume an die gegenüberliegende, weiße Zimmerwand. Das Sonnenlicht wird dabei von den gemalten Figuren aufgehalten. Da, wo das Licht nicht durchscheinen kann, also bei den ausgemalten Bäumen, bildet sich ein schwarzer Schatten an der Wand. Und die Stellen, an denen das Licht direkt durchkommt, bleiben weiß. Ihr habt also ein Schwarz-Weiß-Bild an eurer Zimmerwand.

So ähnlich funktioniert das auch bei einem Kinofilm, der auf der Leinwand abgespielt wird. Ein Film besteht aus ganz vielen Einzelbildern, die hintereinander auf dem *Filmstreifen* liegen. Um einen Kinofilm zu zeigen, braucht man einen *Filmprojektor*. Durch den läuft der lange Filmstreifen mit den einzelnen Bildern drauf. In dem Filmprojektor gibt es besonders helle Lampen. Die machen ungefähr so ein Licht wie die Sonne. Und die Schatten auf der weißen, glatten *Filmleinwand* im Kinosaal ergeben die Kinobilder. Die Leinwand ist eine Art Plastikfolie, die wie ein Trampolin fest auf einen Rahmen gespannt ist. Die Folie wirft das Licht besonders gut zurück.

Ein einziges Bild, von den unendlich vielen auf dem Filmstreifen, entspricht dem gemalten Fensterbild. Sobald der Filmstreifen mit den vielen Bildern, zum Beispiel vom *Sams im Kaufhaus*, durch den Projektor läuft, wird das Licht der Lampen immer wieder unterbrochen. Und zwar genau dort, wo das Sams drauf ist. Auf der Leinwand entstehen die Schatten vom Sams. Nur, dass diese Schatten bunt und nicht dunkel leuchten. Die Farben haben etwas mit dem Buntfilm zu tun, der bei den Dreharbeiten verwendet wurde. Überall, wo das Licht durch den Film direkt durchkommt, ist es hell und da, wo es nicht durchscheinen kann, ist es bunt.

Ein Filmstreifen ist dreieinhalb Zentimeter breit. Jede Sekunde laufen 24 einzelne Bilder durch den Projektor. Und weil sie ganz schnell hintereinander durchlaufen, wirkt alles wie eine fließende Bewegung. Die einzelnen Bilder kann das Auge beim Sehen nicht mehr auseinander halten. Ein Kinofilm mit einer normalen Länge von eineinhalb Stunden ist 2 700 Meter lang, also 2,7 Kilometer. So ein Film wiegt auch eine Menge: 25 Kilogramm, etwa so viel wie ein mittelgroßer Hund, zum Beispiel ein Collie. Damit ein so schwerer Film leichter transportiert werden kann, zerlegt man ihn in fünf Filmpakete. Im Kino muss der Filmvorführer dann die einzelnen

Filmstreifen zusammenkleben und auf eine
große Filmrolle aufspielen. Ihr müsst dann
im Kino nichts weiter machen als Eintritt
zahlen, Popcorn kaufen und euch einen
guten Platz suchen. Nun kann's losge-
hen: Film ab!

Was ist Schächten?

Nik, 8 Jahre

Aischa ist ganz aufgeregt. Durch die gesamte Wohnung tönt mit schnellen Rhythmen ihr türkisches Lieblingslied. Es duftet herrlich nach Braten. Lamm brutzelt im Ofen. Ihr Vater, Kemal, der türkische Metzger, hat es gestern Abend frisch geschlachtet. Heute ist für Aischas türkische Familie ein ganz besonderer Tag: Sie feiert das muslimische Opferfest. Aischa freut sich auf ihre Großeltern, Tanten und Cousinen, die später zum Essen kommen.

Einmal im Jahr feiern die gläubigen Moslems – zu ihnen gehören zum Beispiel Türken, Nordafrikaner und Iraner – dieses große Fest. Sie verbringen dann den ganzen Tag mit ihrer Familie. Noch vor Sonnenaufgang gehen alle in die *Moschee* – das ist die Kirche der Moslems – zum Beten, wünschen den Verwandten, Freunden und Nachbarn Frieden und frühstücken gemeinsam zu Hause. Nachdem die Kinder zum Zeichen des Respekts die Hände ihrer Eltern geküsst haben, bekommen sie Geschenke. Am Ende des Opferfests findet ein Festessen statt, zu dem viele Leute eingeladen werden. Dabei verspeisen sie die Lämmer, Schafe und Rinder, die sie vorher frisch geschlachtet, also geopfert haben.

Aischas Vater ist gläubig und schlachtet so, wie es ihm sein Glaube vorschreibt. *Schächten* heißt übersetzt: »Schlachten ohne Betäubung«. Das Wort kommt aus dem Hebräischen (*Sahat*), also aus der Sprache, in der sich die Israelis unterhalten. Die Moslems und die Juden glauben, dass die Tiere ihr Blut nur komplett verlieren können, wenn sie vor dem Töten mit dem Messer nicht betäubt werden. Wissenschaftler sind da anderer Meinung: Sie haben herausgefunden, dass die Tiere selbst beim Schächten immer einen Teil ihres Blutes behalten. Und die Tierschützer sehen das Schächten überhaupt nicht gerne: Bis Januar 2002 war es in Deutschland wegen Tierquälerei nicht erlaubt. Aber im Jahr 2002 hat das Bundesverfassungsgericht – das oberste Gericht in Deutschland – beschlossen, dass islamische Metzger beim Opferfest einmal im Jahr mit vielen Sondergenehmigungen auch bei uns Tiere nach ihrem Brauch töten dürfen. Das Gericht hat aus Respekt vor anderen Religionen, Traditionen und Kulturen so entschieden.

Jede Religion hat ihre eigenen Regeln. Wir haben insgesamt fünf große Religionen auf der Welt: den Islam (die Religion der Moslems), den Buddhismus, den Hinduismus, das Judentum und das Christentum. So, wie die Christen die Bibel lesen, orientieren sich die

Moslems am *Koran*. Das ist ihr heiliges Buch – in ihm stehen alle Glaubensgrundsätze des Islams. Der Koran schreibt auch vor, was Moslems essen dürfen und was nicht: Schweinefleisch ist strengstens verboten, denn im Islam gilt das Schwein als »unreines« Tier. Auch Blutwurst oder halb rohes Fleisch dürfen sie nicht zu sich nehmen. Das Blut steht als Symbol für die Seele des Tieres und diese dürfen sie nicht essen.

Aischas Magen knurrt bereits. Gleich gibt es das Lamm, auf das sich Aischa schon den ganzen Tag gefreut hat. Ihr Glaube verpflichtet die Familie dazu, einen Teil des geschlachteten Tieres Nachbarn oder Ärmeren zu schenken – auch das gehört zum Opferfest dazu. Ihre Cousins und Cousinen sitzen schon am Tisch und ihre Mutter zündet noch einige Kerzen an. Jetzt kann das Festmahl beginnen.

Kommen Schnecken mit
ihrem Haus auf die Welt?

Tobias, 7 Jahre

Immer wenn es wie aus Eimern vom Himmel gießt, wünsche ich mir, ich wäre eine Schnecke, am liebsten eine Weinbergschnecke. Die haben es einfach gut, finde ich. Sie können sich bei Regen sofort in ihrem Haus verkriechen, während wir Menschen pitsche-patschenass werden. Und das Allerbeste: Die Weinbergschnecke kann nie ihren Hausschlüssel vergessen oder verlieren. Sie hat ihr »eingebautes« Haus stets bei sich und offen ist es sowieso immer.

Es ist natürlich kein richtiges Haus aus Stein, Holz oder Lehm, sondern besteht größtenteils aus dem gleichen Material wie das menschliche Skelett: aus Kalk. So, wie wir uns nie von unseren Knochen trennen würden, gäbe die Weinbergschnecke niemals ihr Haus fort. Aus gutem Grund: Ohne ihr Haus wäre sie gar nicht lebensfähig. Das Schneckenhaus schützt die weiche Weinbergschnecke vor Feinden. In dem Gehäuse liegen alle ihre Organe gut verpackt: Herz, Nieren, Lunge und Darm. Die Eingeweide sind von einem Hautsack geschützt, dem Eingeweidesack. Und den wiederum umhüllt der so genannte Mantel.

Der ist wie ein Ring gebogen. Er hat, wie unsere Haut, ganz viele kleine Öffnungen, die Drüsen. Und dieser ringförmige, weiche Mantel bildet nach und nach die Schale, die sich Schicht für Schicht spiralförmig aufbaut. Die Schale besteht aus Kalk und Perlmutt. Die Materialien findet ihr auch in der Schaleninnenseite von Muscheln. Der Mantel gibt Kalk ab, und zwar flüssigen Kalk. Das funktioniert über die Öffnungen in der Mantelschicht – etwa so, wie unsere Haut Schweiß über die Hautdrüsen ausscheidet. Der flüssige Kalk wird dann erst an der Luft ganz hart und fest.

Und so entsteht im Laufe vieler Jahre das Schneckenhaus, das bei jeder Schneckenart anders aussieht: mal wie ein Turm, mal wie ein Kegel, mal wie ein Teller. Das Gehäuse wird im Laufe des Schneckenlebens immer größer, wächst also ähnlich wie unsere Knochen mit. Am Anfang, wenn eine Weinbergschnecke auf die Welt kommt, ist ihre Schale noch so winzig, dass sie kaum auf ihrem Rücken zu sehen ist. Aber je älter die Schnecke wird, desto größer wird ihr Gehäuse. Das bedeutet: An der Größe des Hauses kann man das Lebensalter der Schnecke erkennen.

Woher sie all den Kalk bekommt, wollt ihr noch wissen? Den futtert sie, indem sie Pflanzen frisst, die auf kalkhaltigem Boden wachsen. Die findet sie vor allem in Laubwäldern und Weinbergen.

Wer hat sich die Märchen ausgedacht?

Sulla, 9 Jahre

»Nahe bei dem Schlosse des Königs lag ein großer dunkler Wald und in dem Walde unter einer Linde war ein Brunnen: wenn nun der Tag recht heiß war, so ging das Königskind hinaus in den Wald und setzte sich an den Rand des kühlen Brunnens: und wenn sie Langeweile hatte, so nahm sie eine goldene Kugel, warf sie in die Höhe und fing sie wieder; und das war ihr liebstes Spielwerk.« *

Das ist der Anfang des berühmten Märchens. Hast du es erkannt? Genau: Es ist *Der Froschkönig*, der die goldene Kugel aus dem Brunnen fischt. Aber nur unter einer Bedingung: Die Königstochter muss ihn dafür von ihrem Teller essen, aus ihrem Becher trinken und sogar in ihrem Bett schlafen lassen. Zum Glück verwandelt sich der glitschige Frosch in einen wunderschönen Prinzen, als ihn die Königstochter voller Wut gegen die Wand schmettert.

Soso, ihr kennt die Geschichte ganz anders. Das ist gar nicht das Ende? Die Königstochter erlöst den verzauberten Frosch, indem sie ihn küsst? Ihr habt Recht. Das ist eine andere Fassung des Froschkönig-Märchens. Und es gibt noch ganz viele andere.

Das liegt daran, dass ein fantasievoller Erzähler sich dieses Märchen irgendwann, vor vielen hundert Jahren, ausgedacht und erzählt hat. Und dann haben andere begabte Geschichtenfabulierer es weiterverbreitet. Und jeder Einzelne hat ein bisschen von seinen eigenen Ideen mit zu der ursprünglichen Geschichte dazugepackt. Ihr kennt das bestimmt vom Witzeerzählen – jedes Mal dichtet der Erzähler irgendetwas hinzu. Dadurch verändert sich der Witz und genau das passiert auch mit den Märchen.

Wer sich ein Märchen ausgedacht und wann man es erstmals erzählt hat, das lässt sich leider nicht mehr herausfinden. Dafür weiß man aber, wer zum Beispiel die tolle Geschichte vom Froschkönig zum ersten Mal aufgeschrieben hat:

Die berühmten Gebrüder Grimm haben dieses und ganz viele andere Märchen aus Europa gesammelt und in schöner Sprache aufgeschrieben. Das haben sie so zwischen 1812 und 1815 gemacht. Dabei sind sechs dicke Märchenbücher entstanden. Die Märchen der Brüder Grimm, oft in Versen und Reimen geschrieben, klingen natürlich etwas alt. Die Themen der Märchen berühren uns aber heute noch genauso wie die Menschen von damals, denn es stecken viele Weisheiten darinnen. Im Froschkönig heißt es zum Beispiel mehrmals: *»Was man versprochen hat, soll man auch halten.«*

Selbst erfunden haben die

Gebrüder Grimm die Märchen aber nicht. Nach ihrem Tod haben andere Schriftsteller die alten Märchen immer wieder umgeschrieben. Im Text des Froschkönigs aus dem ersten Märchenbuch der Brüder ist das Ende zum Beispiel ganz anders als in einem neueren Märchenband:

»*Der treue Diener Heinrich taucht auf einmal auf. Und der fährt voller Glück über die Erlösung seines verzauberten Herrn den König zusammen mit seiner schönen Königin mit der Kutsche in ihr neues Reich. Dabei krachen die drei eisernen Ringe auseinander, die sich vor Kummer um Heinrichs Herz gelegt hatten.*« *

So etwas gibt es natürlich nicht in Wirklichkeit. Das ist ein echtes Märchen!

---

* *Kinder- und Hausmärchen der Brüder Grimm*, Freiburg/Breisgau, ca. 1900

Was ist Tollwut?

Lena, 9 Jahre

Bis vor wenigen Jahren hingen in deutschen Wäldern noch Warnschilder, auf denen stand: *Tollwut – Gefährdetes Gebiet!* Darunter war ein Fuchskopf abgebildet. Tollwut ist eine für Mensch und Tier gefährliche Krankheit. Sie überträgt sich in erster Linie durch Speichel, der die Krankheitserreger enthält. Und die breiten sich besonders schnell aus, wenn sie durch einen Biss direkt ins Blut des Opfers gelangen. In Deutschland war es meistens der Fuchs, der andere mit Tollwut angesteckt hat. Tollwut heißt die Krankheit, weil die erkrankten Tiere oft mit rasender Wut und schäumendem Maul ihre Opfer anfallen. Früher war die Tollwut weit verbreitet. Heute gibt es sie nur noch ganz selten bei uns in Deutschland; sie bricht vielleicht noch ein- bis dreimal pro Jahr aus.

Tollwut gibt es auf der ganzen Welt. In Australien und Nordamerika übertragen Fledermäuse die Krankheit und in Afrika oder Südamerika sind es vor allem herumstreunende Hunde. Alle Säugetiere, zum Beispiel Rehe, Füchse, Fledermäuse, Hunde und Katzen, können Tollwut bekommen – Vögel auch. Wenn zum Beispiel der kranke Fuchs einen herumstreunenden Hund im Wald beißt, bekommt zunächst der Hund Tollwut. Der Hund kann wiederum seinen Besitzer damit anstecken. Entweder über einen Biss oder direkt über den Speichel – wenn der Hund sabbert oder sein Herrchen abschleckt.

Beißt einen ein tollwütiges Tier, hilft nur eins: die Wunde sofort mit Wasser und Seife reinigen und so schnell wie möglich zum Arzt gehen. Bis die Krankheit nach dem Biss wirklich ausbricht, dauert es mindestens eine Woche und höchstens zwei Monate. In der Zwischenzeit kann der Arzt einen impfen und die Krankheit verschwindet wieder. Wenn der Mensch aber erst einmal richtiges Fieber bekommen hat, schwer atmet und die Wunde juckt und brennt, dann ist es zu spät: Man stirbt. Bisher kann leider niemand die Tollwut heilen.

Aber keine Angst: In Deutschland sind wir heute vor Tollwut so gut wie sicher: Damit die Tiere keine bekommen, haben Förster vor einigen Jahren so genannte *Köder* im Wald ausgelegt, also kleine Kästchen mit einem Impfstoff drin. Der Fischgeruch der Köder lockte die Füchse an. Sie dachten natürlich, es sei was Leckeres zu fressen. Sobald sie die Köder angebissen hatten, verletzten kleine Stacheln die Tiere im Maul. So geriet der Impfstoff sofort in ihre Blutbahn. Die geimpften Füchse sind ihr Leben lang vor der Krankheit geschützt. Durch diesen Impftrick gibt es in Deutschland nur noch ganz wenig Tollwut.

Außerdem kann sich jeder Mensch vorbeugend gegen die Krankheit impfen lassen. Im Ausland sollte man am besten die Waldgebiete meiden, in denen noch immer Tollwutgefahr herrscht. Wo das der Fall ist, hängen meist Warnschilder.

Warum reiben Fliegen
ihre Beine aneinander?

David, 6 Jahre

Auch schon mal eine Stubenfliege auf dem Küchentisch beobachtet und gesehen, dass sie immer die Vorder- und Hinterbeine aneinander streift? Was soll das? Kratzt sie sich? Hat sie Ausschlag? Ach, ich weiß: Sie putzt ihre Beine – streift sich den Blütenstaub oder die Puddingreste von den Füßchen. Oder friert sie etwa? Könnte doch sein, dass Fliegen mit ihren Beinen zittern, so wie wir mit unseren Zähnen klappern … Nein. Keine meiner Vermutungen trifft zu. Neuerdings weiß ich aber Bescheid. Eine freche Stubenfliege, ich habe sie Leopold getauft, hat mir nämlich die Antwort höchstpersönlich ins Ohr geflüstert:

»Was glaubst du eigentlich? Ich schmecke mit meinen Beinen! An den Füßen habe ich Geschmackssinnesorgane – so wie ihr Menschen welche auf der Zunge habt. Einen Mund zum Essen habe ich natürlich auch noch. Der sitzt in meinem Gesicht, so wie euer Mund. Die Beine, also die Geschmackszellen, kosten mein Essen vor und entscheiden, ob es sich lohnt, etwas mit dem Tupfrüssel Richtung Mund zu

transportieren. Ehrlich gesagt: Manchmal kann ich mir die Mühe sparen – bei den kläglichen Resten, die ihr mir übrig lasst!

Mit den Füßen zu schmecken ist sehr praktisch. So muss ich mich gar nicht erst bücken, um herauszufinden, was ich essen will und was nicht. Und wenn ihr mir ausnahmsweise mal was besonders Leckeres auf dem Tisch habt liegen lassen, versuche ich, diesen Geschmack so lange wie möglich an den Beinen zu genießen. Was ihr sicher nicht wisst, ist, dass Blut zu meinen Lieblingsgerichten gehört. Das hat köstliche Nährstoffe für mich. Wenn Blut kommt, schmiege ich die Beine aneinander, so wie ihr Menschen die Zunge an den Gaumen drückt, um etwas besser auszukosten zu können, oder euch die Lippen nach einem guten Essen abschleckt.

Bei süßem Blütensaft, zum Beispiel beim Nektar der Osterglocken, mache ich es genauso. Das ist so ein Geschmack, auf den ich mich immer den ganzen Winter über freue. Aber es gibt wirklich viele Dinge bei euch, die scheußlich schmecken. Neulich habe ich ein Schälchen mit einem cremigen Zeug in der Küche entdeckt. Es sah aus wie Honig. Ich habe Appetit bekommen, meine Vorderbeine ausgestreckt und, igittigitt!, war das eklig. Senf nennt ihr Menschen das, glaube ich. Danach habe ich wie ein Bekloppter die Vorderbeine aneinander geschubbert, um den Geschmack so schnell wie möglich wieder abzustreifen.«

Wie entstehen
siamesische Zwillinge?

Johannes, 7 Jahre

Es gibt drei verschiedene Arten von Zwillingen: ein-eiige, zweieiige und siamesische Zwillinge. Welche Sorte Zwillinge entsteht, hängt davon ab, ob im Bauch der Mutter ein Ei oder zwei Eier gleichzeitig befruchtet worden sind.

Bei eineiigen Zwillingen wird, wie der Name schon sagt, nur ein einziges Ei befruchtet. Trotzdem entstehen zwei Babys. Denn das Ei teilt sich kurz nach der Befruchtung im Bauch in zwei gleiche Hälften. Und daraus entwickeln sich zwei Kinder, die fast gleich aussehen. In der Geschichte *Das doppelte Lottchen* dreht sich zum Beispiel alles um solche, zum Verwechseln ähnliche, Geschwister. Kennt ihr auch so ein Pärchen?

Bei zweieiigen Zwillingen entwickeln sich gleichzeitig zwei Kinder aus zwei Eiern. Die Zwillinge sehen sich zwar ähnlich, aber oft auch nicht mehr als andere Geschwister, denn jeder Embryo – so heißen die Babys im Bauch – wächst getrennt von dem anderen selbstständig heran.

Wenn im Bauch der Mutter ein- oder zweieiige Zwillinge entstehen, ist das völlig normal. Doch manchmal läuft in der Natur leider etwas schief: Siamesische Zwillinge sind auch eineiige Zwillinge, aber bei ihnen teilt sich das Ei nicht gleich am Anfang – wie bei anderen Zwillingen –, sondern erst zwölf Tage nach der Befruchtung. Außerdem löst sich die eine Hälfte des Eis nicht komplett von der anderen ab. Und das hat schlimme Folgen: Die Kinder im Bauch bleiben an bestimmten Stellen miteinander verbunden: häufig an den Brüsten, dem Bauch, der Wirbelsäule oder sogar dem Kopf. Diese Zwillinge kommen nur ganz selten vor: Von 100 000 gesunden Zwillingen gibt es gerade mal ein siamesisches Paar.

Damit jeder Zwilling ein eigenes Leben führen kann, versuchen Chirurgen, die Kinder nach der Geburt körperlich zu trennen. Je nachdem, an welchen Stellen die Zwillinge zusammenhängen, haben sie manchmal nur ein Herz. Dann können die Ärzte die Geschwister nicht trennen – zum Leben braucht jeder sein eigenes Herz. Es gab aber auch schon Kinder, die in (sehr langen!) Operationen geteilt werden konnten. Manchmal überlebt traurigerweise nur eines der Kinder.

»Siamesisch« heißen die Zwillinge übrigens, weil so ein verwachsenes Pärchen erstmals in der Stadt Siam, in Thailand, vorkam. Das waren zwei Brüder, die von der Brust bis zum Nabel aneinander hingen. Sie überlebten damals, vor knapp 200 Jahren, und wurden sogar 63 Jahre alt. Das Verrückte ist: Sie bekamen mit zwei Frauen insgesamt 22 gesunde Kinder! Wie sie *das* geschafft haben, das weiß ich auch nicht so genau.

III

IM WASSER –

vom Eisberg bis
zu den Delfinen

Warum wird das Tote Meer
tot genannt?

Jonas, 11 Jahre

Eingekeilt zwischen den hohen Bergen von Jordanien und Israel liegt das *Tote Meer* an der tiefsten Stelle der Erde: 417 Meter unter dem Meeresspiegel. Das Wasser ist ganz ruhig, am Ufer sieht man Sand und am Himmel ziehen viele Vogelarten ihre Bahnen. Vor allem Störche fliegen auf ihrem Weg in den Süden übers Tote Meer.

Eigentlich müsste das Tote Meer »Salzsee« heißen, denn es ist ein See – und zwar der salzigste der Erde. Ein richtiges Meer ist immer eine riesige, zusammen-hängende Wassermasse, in der ganze Kontinente oder Inselketten liegen. Das Tote Meer ist aber sehr groß, deshalb nennt man es »Meer«: 18 Kilometer breit und ungefähr 60 Kilometer lang.

Im Toten Meer ist zehnmal so viel Salz drin wie zum Beispiel im Mittelmeer. Mitten im Wasser türmen sich meterhohe Salzsäulen auf. Wie große helle Pilze stehen sie im Wasser. Das Wasser des Toten Meers hat heilende Kräfte. Viele Touristen reisen immer wieder dorthin – die meisten von ihnen haben Allergien, Hautkrankheiten oder etwas mit den Bronchien. Das salzhaltige Wasser ist gut für die Haut, die Lunge und das gesamte Wohlbefinden.

Wegen des hohen Salzgehalts kann man sich auf der Oberfläche einfach auf dem Rücken treiben lassen, denn das Salz trägt einen. Wie ein Korken schwimmen die Menschen auf dem See. Manche lesen dabei sogar ein Buch. Untergehen kann man nicht. Das ist ein tolles Gefühl!

Angst vor Fischen müssen die Schwimmer auch nicht haben, denn in diesem toten See gibt es keine. Fische bestehen wie wir Menschen größtenteils aus Wasser. Sie können bei einer zu hohen Menge Salz nicht mehr leben. Fische würden regelrecht austrocknen, denn Salz saugt Wasser ähnlich auf wie ein Schwamm. Überhaupt ist hier im Wasser gar kein Leben möglich: Es ist also ein totes Wasser – daher kommt der Name Totes Meer.

Es strömen verschiedene Flüsse in den Riesensee. Und nur an den Einmündungsstellen wächst etwas: Algen. Der größte Fluss, der ins Tote Meer mündet, heißt Jordan und kommt aus dem Land Jordanien. Ihr kennt diesen Fluss vielleicht aus der Bibel. Und obwohl ständig frisches Wasser einfließt, kann nichts aus dem Toten Meer abfließen. Der See ist wie eine Sackgasse. Trotzdem verliert er sogar ständig sehr viel Wasser. Jedes Jahr sinkt der Wasserspiegel um mehr als einen Meter. Das liegt zum einen an der Kraft der Sonne, die das Wasser schnell verdunsten lässt, zum anderen an den Menschen, zum Beispiel an den Bauern, die für ihre umliegenden Obstplantagen und Felder viel Wasser brauchen. Und weil sie das benötigte Wasser aus dem Fluss Jordan nehmen, fließt weniger Wasser in den See. Wenn das so weitergeht, trocknet er irgendwann ganz aus!

Jetzt seid ihr dran:

Wie gut Salzwasser Körper schwimmen lässt, könnt ihr auch selbst ausprobieren:

- Legt ein gekochtes Ei in ein Glas mit warmem Wasser. Das Ei sinkt zunächst einmal auf den Boden.
- Füllt dann langsam immer mehr Salz in das Glas. Irgendwann fängt das Ei an, nach oben zu steigen, weil es vom vielen Salz getragen wird.

Ferien in der Badewanne!

Ihr könnt im »Toten Meer« baden, ohne extra dafür zum Toten Meer fahren zu müssen. Alles, was ihr dafür braucht, ist eine Badewanne, Totes-Meer-Salz (gibt es in Apotheke und Reformhaus) und ein bisschen Fantasie. Lasst Badewasser einlaufen, schüttet das Salz dazu, schließt die Augen, denn das Salz brennt, und stellt euch vor, ihr würdet mitten auf dem Toten Meer treiben – irgendwo zwischen den Bergen von Jordanien und Israel ...

Wieso können Schiffe schwimmen?

Pauline, 11 Jahre

Vor langer Zeit, im Jahre 245 vor Christus, hatte der König der altgriechischen Hafenstadt Syrakus (sie gehört heute zu Sizilien in Süditalien) einmal einen klugen Kopf an seinem Hof. Der hieß Archimedes und konnte wirklich gut rechnen. Über Archimedes gibt es viele Geschichten: In einer davon heißt es, er sei aus der Badewanne gesprungen und nackt durch die Straßen von Syrakus gelaufen. Dabei soll er immer wieder ausgerufen haben: »*Heureka! Ich hab's gefunden!*«

Stellt euch das einmal vor: Da rennt einer nackt durch die Straße und schreit: *Ich hab's gefunden!* Was denn nur? Er hatte das so genannte *Auftriebsgesetz* entdeckt. Das erklärt, warum Gegenstände, also auch Schiffe, im Wasser schwimmen können. Und so ist der kluge Archimedes drauf gekommen:

Bei dem Vollbad, das er jeden Morgen nahm, konnte er am besten nachdenken. Eines Morgens spielte er in seiner Badewanne mit der neuen Krone seines Königs Hieron. Der König hatte sie gerade von einem Goldschmied anfertigen lassen und war sich nicht sicher, ob der auch wirklich seiner Anweisung gefolgt war, nur pures Gold zu verwenden. Der König wollte schließlich eine wertvolle Krone tragen. Also hatte Hieron Archimedes gebeten, das herauszufinden. Archimedes spielte nachdenklich mit der Goldkrone und mit einem zweiten Goldklumpen, der genauso groß war wie die Krone, im Badewannenwasser herum. Da passierte Folgendes: Der Goldklumpen ging vollständig unter, die Krone aber schwamm.

»Aha!«, rief Archimedes. »Interessant. Jeder Gegenstand, den ich ins Wasser setze, schiebt Wasser beiseite, macht also eine Art Loch ins Wasser. Je nachdem, wie tief ein Gegenstand ins Wasser eintaucht, drückt er mehr oder weniger Wasser weg. So taucht beispielsweise die Krone nur einen Fingerbreit ins Wasser ein und schiebt deshalb auch nur ein bisschen Wasser zur Seite. Diese Wassermenge wiegt etwas. Wahrscheinlich ist es so, dass ein Gegenstand immer weiter eintaucht und immer mehr Wasser wegschiebt, bis das Gewicht des weggeschobenen Wassers genau dem Gewicht des Gegenstands entspricht. Wenn dieser Punkt erreicht ist, hört er auf zu sinken: er schwimmt. So ist es eben bei der Krone! Bei dem Goldklumpen ist es anders: Er wiegt mehr als die Menge Wasser, die er beiseite schiebt. Das würde auch erklären, warum auch andere Gegenstände im Wasser nicht schwimmen können, *sondern untergehen: Sie sind für ihr Gewicht zu klein, um die Menge Wasser, die ihrem Gewicht entsprechen würde, wegschieben zu können. Sie tauchen immer weiter ins Wasser ein und gehen schließlich unter!«*

Mit dieser Idee hatte der kluge Archimedes ein wichtiges Naturgesetz entdeckt: das so genannte *Gesetz des Auftriebs.* Ihr könnt euch das so vorstellen: Ein Spielzeugschiff in der Badewanne schiebt Wasser weg, so dass der Wasserspiegel ein kleines bisschen ansteigt (das seht ihr am Badewannenrand). Aufgrund seines Gewichts will aber das Wasser wieder zurück an die Stelle, an der jetzt das Schiffchen schwimmt. Das verdrängte Wasser drückt seitlich auf das Schiff und versucht es aus dem Wasser herauszudrücken. Diese Kraft ist der Auftrieb und der verhindert, dass das Schiff sinkt!

Und warum schwimmt ein Schiff? Schließlich ist es doch aus schweren Materialien – wie zum Beispiel Stahl – hergestellt. Der Grund dafür ist, dass das Schiff innen hohl ist. Es ist deshalb für seine Größe leicht genug, um die »richtige« Menge Wasser wegdrücken zu können, bevor es ganz untertaucht. Zwei Dinge sind also wichtig, damit ein Gegenstand schwimmt: erstens sein Material und zweitens seine Form. Es gibt übrigens Materialien, die immer im Wasser schwimmen, zum Beispiel Holz, Papier und Eis – die sind nämlich leichter als Wasser.

Mit seinem Spiel in der Badewanne hatte Archimedes herausgefunden und bewiesen, dass die Krone nicht aus purem Gold sein konnte. Denn mit ihr ist etwas anderes passiert als mit dem Goldklumpen. Damals wusste Archimedes noch nicht, dass das Auftriebsgesetz über zweitausend Jahre später sogar riesigen Schiffen die Fahrt auf dem Wasser ermöglichen würde. Ein Schiff verdrängt beim Schwimmen im Wasser haargenau die Wassermenge, die dem Gewicht des Schiffes entspricht. Eine tolle Entdeckung, oder? Allemal Grund, nackt auf der Straße herumzulaufen …

Jetzt seid ihr dran:

Um das Gesetz des Auftriebs selbst auszuprobieren, nehmt ihr einfach zwei Stücke Knete.

- Formt aus einem Stück eine Kugel und aus dem anderen einen Becher (beim Becher ist es wichtig, dass ein Hohlraum entsteht, genau wie beim Schiff). Jetzt habt ihr also einen massiven und einen hohlen Gegenstand.
- Legt beides, Kugel und Becher, in einen mit Wasser gefüllten Eimer und guckt, welcher der beiden Gegenstände nach dem Gesetz des Auftriebs schwimmen kann und welcher untergeht. Alles klar?

Warum müssen Delfine
zum Atmen auftauchen?

Sven, 9 Jahre

Die Wellen des Atlantischen Ozeans klatschen ans Ufer, während der Nachmittagswind den Touristen am Strand von Florida, im Süden der USA, die Hüte von den Köpfen fegt. Mitten auf dem Wasser, einige Kilometer von der Küste entfernt, treibt ein Motorboot. An Bord des Schiffs ist eine Gruppe von amerikanischen Kindern, die hier, an der Inselkette im Süden Floridas, ihren Urlaub verbringt. Natürlich lassen sich die Kinder das *Dolphin-watching*, das »Delfine-Beobachten«, nicht entgehen. Mit an Bord: Tom, der Reiseführer. Der kennt diese Stelle wie seine Westentasche. Schon seit zwölf Jahren begleitet er fast täglich Touristen, um ihnen besonders intelligente Meeresbewohner, die Delfine, zu zeigen. Tom begrüßt seine Gruppe:

»Herzlich willkommen an Deck der MS Senta zu unserer Delfin-Tour. Wie ich sehe, haben viele Ferngläser dabei. Das ist gut, denn wir werden nur wie an die Delfine heranfahren. Wir wollen sie ja nicht stören. Bis wir draußen bei den Delfinen sind, erzähle ich euch jetzt mal was über die Atmung der Tiere.

Obwohl Delfine im Wasser leben, haben sie keine Schuppen wie Fische. Ist das nicht komisch? Sie können bis zu 20 Minuten am Stück unter Wasser bleiben, haben aber keine Kiemen. Richtig, Delfine sind gar keine Fische. Sie gehören, wie wir Menschen, zur Gruppe der Säugetiere. Und das heißt: Sie atmen mit einer Lunge und gebären lebendige Delfin-Babys, die sie mit Muttermilch versorgen. Im Unterschied zu Fischen, denn die laichen ja Eier. Die Delfin-Lunge ist viel größer als unsere und speichert den Sauerstoff besser und länger. Deshalb können Delfine solange unter Wasser bleiben.

Es gibt 27 verschiedene Arten von Meeresdelfinen. Am bekanntesten ist der Große Tümmler – *den kennt ihr vielleicht aus der Serie* Flipper. *Und genau solche Tümmler werden wir heute hoffentlich beobachten können. Ein Tümmler ist ungefähr zweieinhalb Meter lang und hat eine schmale Schnauze, die aussieht wie ein Schnabel. Auf seinem oberen Kopfende sitzt ein Blasloch – das braucht er zum Atmen. Es funktioniert so ähnlich wie unsere Nase – nur kann die Nase des Tümmlers sich bewusst öffnen und schließen lassen. Immer wenn er über Wasser ist, macht er das Loch auf, und unter Wasser wieder zu. So verhindert er, dass Wasser in seine Lunge fließt. Mit einer Lunge voller Luft kann er zwischen 200 und 300 Meter tief tauchen. Da unten jagt er dann Fische und frisst sie.«*

Das Boot fährt weiter aufs offene Meer hinaus. Es ist ziemlich starker Wellengang.

Hoffentlich wird kein Kind seekrank! Tom erklärt weiter:

»Wie der Tümmler es schafft, 20 Minuten lang unter Wasser zu bleiben? Direkt nach dem Einatmen verteilt sich der Sauerstoff im Blut und in den Muskeln des Tümmlers. Blut und Muskeln sind so ähnlich wie Vorratskammern: Sie speichern den Sauerstoff und versorgen den Delfin unter Wasser damit. He, Käpt'n Cavin, mach mal schnell den Motor aus! Dahinten sind schon ein paar große Tümmler! Jetzt müssen wir ganz leise sein, damit wir sie nicht erschrecken. Guckt mal schnell nach links, da sind wieder drei. Hopplahopp! Da springen ganz viele auf einmal aus dem Wasser!«

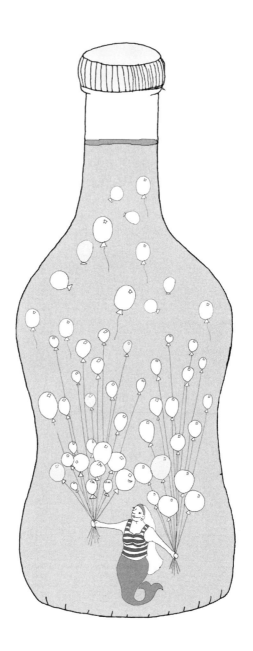

Wie kommt der Sprudel
in die Limoflasche?

Kalle, 7 Jahre

Erinnert ihr euch daran, als ihr das letzte Mal mit Bauchweh und Übelkeit im Bett liegen musstet und nur Salzstangen und Zwieback essen durftet? Eure Mama hat euch sicher Tee und Cola zu trinken gegeben. Eigentlich hättet ihr euch über die Cola ja auch gefreut, wenn eure Mama nicht die ganze Kohlensäure herausgeschüttelt hätte. Das hat sie gemacht, damit ihr nicht so aufstoßen müsst. Aber Cola, Limo oder Sprudel ohne Kohlensäure schmecken wie eingeschlafene Füße, stimmt's?

Jetzt seid ihr dran:

- Holt euch mal ein Glas und einen Strohhalm. Gießt Limo oder Mineralwasser ins Glas, steckt den Strohhalm in die Flüssigkeit und pustet kräftig in den Strohhalm hinein. Was passiert? Genau, es entstehen Blubberblasen.

Die Blubberblasen sind Luftblasen und die bilden sich, weil wir beim Ausatmen *Kohlendioxid* in das

Wasser pusten. Das ist ein durchsichtiges, geruchloses Gas. Und Kohlendioxid ist nichts anderes als Kohlensäure, die bitzelt. Ganz ähnlich wie die Blubberblasen durchs Ausatmen über einen Strohhalm entstehen, kommt die Kohlensäure auch in die Limoflasche. Unter hohem Druck wird mit einer Maschine Kohlensäure in die Flasche gepresst. Der Druck ist wichtig, damit sich die Kohlensäure in der Limoflasche gleichmäßig verteilt. Es dauert nur ungefähr sieben Sekunden, bis genug Kohlensäure in einer Limoflasche drin ist. Dann wird die Flasche schnell mit einem Deckel zugedreht – sonst würden die Bläschen abhauen. Wenn ihr die Flasche Limo zu Hause aufschraubt und es laut zischt, entweicht ein Teil dieses Drucks ruckartig. Auch ein Teil der Kohlensäure steigt nach oben und vermischt sich mit der Luft. Deshalb blubbert, bitzelt und zischt es.

Wenn wir die Limo in ein Glas gießen, entweichen noch mehr Kohlensäurebläschen – allerdings nicht alle. Warum nur ein Teil? Kohlensäure ist leichter als Wasser, deshalb steigt sie in der Limo hoch (jedes leichte Gas steigt nach oben). Gleichzeitig ist Kohlensäure aber schwerer als Luft. In dem Moment, in dem die Kohlensäure mit der Luft zusammenkommt, wirkt die Luft wie eine Art Bremse für die aufsteigenden Bläschen. Deshalb dauert es recht lange, bis sich die Kohlensäure im Limoglas vollständig aufgelöst hat. Man muss die geöffnete Flasche schon ordentlich schütteln, damit alles entweicht.

Nach all diesen Erklärungen habt ihr euch ein Glas mit sprudelnder, frischer Limo wirklich verdient. Aber bitte keine abgestandene, die wie eingeschlafene Füße schmeckt!

Was passiert am Bermuda-Dreieck?

Frank, 9 Jahre

Ihr kennt den Namen *Bermuda* nur von euren Shorts? Dann holt mal eine Weltkarte, blättert nach Mittelamerika und sucht die Bermuda-Inseln. Wenn ihr euch von dort aus eine Linie denkt, die die Küste Floridas mit Puerto Rico verbindet, habt ihr mittendrin die richtige Stelle gefunden: das Bermuda-Dreieck. Das Meer leuchtet dort blau-grün im Sonnenlicht und eigentlich sieht alles ganz friedlich aus, aber der Schein trügt: Genau an diesem Ort geschehen nämlich richtig unheimliche Dinge. Ungefähr 100 Schiffe und Flugzeuge sind dort in den letzten 150 Jahren spurlos verschwunden oder ohne Besatzung wieder aufgetaucht.

Haben tatsächlich Außerirdische eine Menschenfalle im Meer aufgestellt, wie es in einem Sachbuch heißt? Oder wurden die Schiffe und Flugzeuge in eine andere Dimension gesaugt, wie ein *Science-Fiction*-Schriftsteller fantasierte? Oder ziehen gar geheimnisvolle Strahlungen die Schiffe in die Tiefe auf den Meeresgrund, wie manche behaupten?

Neben all den märchenhaften Vorstellungen, die sich die Leute von diesem Platz im Meer machen, zerbrechen sich auch Wissenschaftler den Kopf über das Geheimnis des Bermuda-Dreiecks. Bis heute wissen sie allerdings nicht genau, was dort wirklich los ist. Fest steht, dass in der Bermuda-Dreieck-Gegend oft heftige Wirbelstürme, die so genannten *Hurrikans,* ihr Unwesen treiben. Kein Wunder, dass es dort häufiger zu Unglücken kommt als anderswo. Das wäre eigentlich eine vernünftige Erklärung, hätten nicht andere Forscher wiederum herausgefunden, dass die Schiffe und Flugzeuge ausgerechnet in der sturmfreien Zeit verschollen sind – zwischen Oktober und Juli!

Erst vor wenigen Jahren lieferten Wissenschaftler eine Erklärung, die sich zwar noch nicht vollkommen beweisen lässt, aber einleuchtet: Sie vermuten, dass tief unten am Meeresgrund riesige Mengen von Gas, nämlich *Methangas* lagern (dieses Gas entsteht zum Beispiel auch, wenn Biomüll verrottet). Das Gas wird von einer dicken Eisschicht eingeschlossen. Diese riesigen Methangasblasen kann man sich wie Blähungen vorstellen: Wie bei der Verdauung Luft-

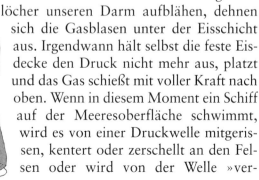

löcher unseren Darm aufblähen, dehnen sich die Gasblasen unter der Eisschicht aus. Irgendwann hält selbst die feste Eisdecke den Druck nicht mehr aus, platzt und das Gas schießt mit voller Kraft nach oben. Wenn in diesem Moment ein Schiff auf der Meeresoberfläche schwimmt, wird es von einer Druckwelle mitgerissen, kentert oder zerschellt an den Felsen oder wird von der Welle »ver-

schluckt«. Und das Flugzeug wird von der her-
aufschießenden Wucht durcheinander gewirbelt und
stürzt ab.

Das Meer pupst also. Im Unterschied zu unseren
Pupsen richten die Gasblasen allerdings ungeheuren
Schaden an, während unsere nur stinken. Aber, wie
gesagt, so ganz bewiesen ist die Theorie von den
Methangasblasen noch nicht. Ungeklärt bleibt auch,
unter welchen Umständen die Eisschicht
plötzlich platzt. Für Schriftsteller ist das
gar nicht so schlecht: Sie können ihrer
Fantasie weiterhin freien Lauf lassen und
spannende Geschichten für uns aufschrei-
ben.

Apropos: Vielleicht heißen eure Bermuda-
Shorts ja auch nur so, weil in ihnen, wie
in dem Dreieck, auch manchmal Gas
entweicht …

Was ist ein Eisberg?

Sophie, 7 Jahre

Es ist kurz vor Mitternacht: Ein riesiges, weißes, englisches Personenschiff mit vier Schornsteinen fährt mitten auf dem Nordatlantik. Es heißt *Titanic*. Auf einmal ragt neben dem Schiff die Spitze eines Eisbergs aus dem Wasser. Die Titanic rammt einen ungefähr 30 Meter hohen Eisberg. Der ist hart wie ein Fels und messerscharf. Er schlitzt das Schiff an der Seite auf, Wasser läuft in alle Ritzen, in alle Flure, in alle Kabinen, auf alle Decks. Dadurch wird das Schiff wahnsinnig schwer und sinkt. Über 1 300 Menschen ertrinken in dieser Nacht. Und das, obwohl die Titanic als sicherstes Schiff ihrer Zeit gilt. Ihr habt sicher schon von dieser Katastrophe gehört. Obwohl sie schon über 90 Jahre her ist, denken heute noch viele an den Untergang der Titanic, wenn sie das Wort Eisberg hören.

Eisberge haben sich vor langer Zeit aus den großen Eismassen Grönlands, Spitzbergens oder der Antarktis gelöst. Sie waren ein Stück einer riesigen Landmasse aus Eis, beispielsweise von der Antarktis – also von dem Land, auf dem der Südpol liegt. Die Antarktis ist fast doppelt so groß wie Australien und eine dicke, bewegliche Eisschicht breitet sich wie eine Decke über dem Wasser aus.

Weil gefrorenes Wasser leichter ist als flüssiges, schwimmen die schneeweißen Eisberge lose auf dem Wasser herum (siehe auch Seite 107). Das Ablösen von solchen Eisbergen ist ein völlig normaler Vorgang: Man nennt ihn *Gletscherkalben*. Gefährlich werden Eisberge nur dann, wenn die Meeresströmung sie in die Wasserstraßen der Schiffe treibt. Das Gefährliche ist: So ein Eisberg ragt mehrere Meter tief nach unten ins Wasser, obwohl Eis leichter ist als Wasser. Weil Eis aber nur ein kleines bisschen leichter als Wasser ist, schwimmt der größte Teil vom Eisberg unter Wasser und nur die Spitze guckt heraus.

Das bedeutet: Die Matrosen, die auf Schiffen Ausschau nach Eisbergen halten, können nur den kleinsten Teil des Eisberges mit bloßem Auge erkennen. Deshalb scheinen Eisberge oft viel ungefährlicher, als sie es wirklich sind. Das ist damals auch der Titanic zum Verhängnis geworden: Die Matrosen haben die Größe des Eisbergs einfach unterschätzt. Den Rest der traurigen Geschichte kennt ihr ja …

IV

IN DER LUFT –

vom Bumerang
bis zum Ultraschall

Wie funktioniert Solarenergie?

Johanna, 9 Jahre

Wusstet ihr, dass die Sonne reden kann und außerdem ziemlich eingebildet ist? Bis vor kurzem war mir das auch nicht klar. Aber als ich neulich auf meinem Balkon im Liegestuhl saß und mir die Sonne auf den Pelz hab scheinen lassen, hat sie mich mit einem Sonnenstrahl am Ohr gekitzelt und mir verraten, was sie alles kann und wozu wir sie brauchen. *Toll, so ein Zufall,* dachte ich, denn genau an diesem Tag wollte ich Johannas Frage nach der Solarenergie beantworten. Ich habe mir schnell Papier und Stift geholt und mitgeschrieben, während die Sonne mit ihren Fähigkeiten prahlte. Ich gebe ihre Sätze hier wörtlich wieder:

»Herrlich, kaum luke ich hinter einer grauen Wolke hervor, machen die Menschen die verrücktesten Dinge: Manche ziehen sich nackt aus, legen sich in den Sand ans Meer und schmieren sich mit weißem Zeug ein. Andere kaufen sich bunte Kugeln und schlecken daran herum. Ulkig, wahrscheinlich wissen sie gar nicht, dass sie dabei wie Frösche aussehen – so, wie sie ihre Zungen immer wieder herausschnellen lassen.

Aber manchen Menschen fällt auch Sinnvolles ein, wenn sie zu mir, der Sonne, hinaufschauen. Diese klugen Köpfe sind die Einzigen, die meine Fähigkeiten zu schätzen wissen. Ich bin nämlich genial: Ich kann ganze Häuser mit meiner Energie aufheizen und kaltes in warmes Wasser verwandeln. Wie das geht? Die Menschen können meine Energie nicht einfach mit den bloßen Händen einfangen – klar. Dazu brauchen sie Sonnenkollektoren und Solarzellen.

Wenn auf Hausdächern Sonnenkollektoren liegen – das sind große, schwarze Platten, die aussehen wie Fenster –, dann kann ich gar nicht anders: Ich muss da drauf strahlen, denn dunkle Farben ziehen mich magisch an. Das können die Menschen auch an sich selbst spüren: Wenn sie schwarze Kleidung anhaben, wird die viel wärmer als zum Beispiel weiße.

In nur wenigen Stunden mache ich die Sonnenkollektoren auf den Häuserdächern heiß. Auf ihnen liegen, wie Schlangen, gebogene Rohre dicht nebeneinander. Und da hindurch fließt Wasser. Ist die Platte heiß, gibt sie die Wärme an die Rohre ab und diese wiederum erhitzen das Wasser. Das wird in den Wärmespeicher der Heizung, direkt ins Haus gepumpt. So ist immer genügend warmes Wasser da, zum Beispiel für ein heißes Bad. Um das Wasser einer einzigen Badewanne auf 40 Grad Celsius zu erhitzen, muss ich im Sommer einen ganzen Tag lang auf zwei Sonnenkollektoren scheinen. Ganz schön lange, was? Ich kann auch *dafür sorgen, dass die Wohnräume kuschelig warm werden. Dafür braucht man extra Solarzellen, nur die können mein Licht direkt in elektrischen Strom verwandeln.*

Im Winter, wenn meine Sonnenstrahlen die Erde nicht so gut erreichen, dauert die Erwärmung der Platten noch um einiges länger. In einem Haus mit Sonnenkollektoren gibt es zusätzlich Wärmespeicher. Das sind riesengroße Wassertanks, in denen das Warmwasser gesammelt wird. Das ist wichtig an den kalten Tagen, an denen ich nicht mit voller Kraft scheine.

Das Tollste an mir ist: Ich habe immer genug Energie, fast endlose Energie. Warum nutzen die Menschen das bloß so wenig aus? Viel mehr Leute sollten Kollektoren auf ihren Häuserdächern anbringen, denn meine Sonnenenergie ist eine der umweltfreundlichsten Energieformen, die es gibt.«

Das waren die Worte, die mir die Sonne beim Sonnenbaden geflüstert hat. Also, ich bin nicht nur eine Sonnenanbeterin, ich bin ein echter Fan der Solarenergie – auch wenn die Sonne ganz schön eitel ist …

Wie finden Störche ihren Weg
in den Süden?

Jasmin, 9 Jahre

Habt ihr mal Störche über eure Köpfe hinwegfliegen sehen? Habt ihr mal ihren lauten Flügelschlag gehört, wenn sie unruhig in der Gruppe losflattern? Vielleicht hattet ihr auch schon mal die Chance, ein großes Storchennest auf einem Hausdach zu bewundern? Das ist bei uns allerdings selten.

Stell dir vor: Es ist ein warmer Augustvormittag. Du stehst irgendwo auf einem Feld und schaust auf die braune Erde eines frisch gepflügten Ackers. Plötzlich siehst du, wie sich – einige Meter von dir entfernt – sechs Störche auf dem Acker rekeln und ihre Flügel langsam ausstrecken. Sie haben hier übernachtet, denn auf dem Acker haben sie Mäuse zum Fressen gefunden. Gut gestärkt für die lange Reise, die vor ihnen liegt, fliegen die Störche elegant los. *Ägypten* in Nordafrika heißt ihr Ziel. Ganz schön weit weg! Es sind Jungtiere, die sich zwei Wochen vor den Altstorchen aus ihrer Gruppe (das sind ihre Eltern und andere ältere Störche) auf den Weg nach Ägypten machen. In diesem warmen Land wollen die Störche den Winter verbringen, nachdem sie zusammen mit ihren Eltern fast ein halbes Jahr in Deutschland waren. In Ägypten werden sie erst in ungefähr drei Wochen ankommen.

Zur Reisegruppe gehören auch die Freunde Paul und Kalle. Die beiden sind schon ganz aufgeregt, denn sie machen zum ersten Mal eine so lange Reise. Hoffentlich finden sie den richtigen Weg, hoffentlich funktionieren ihr *Sonnenkompass* und ihr *Magnetkompass*! Die Altstörche sind alle schon geübte Langstreckenflieger – zweimal im Jahr legen sie mehrere Tausend Kilometer zurück: einmal Ende August, da brechen sie von Deutschland in den Süden auf, und einmal im März, da fliegen sie wieder zurück nach Deutschland.

Was heißt eigentlich fliegen? Eigentlich müsste man gleiten sagen, denn Störche nutzen *Luftströmungen* und *Aufwinde*, um hoch in den Himmel zu kommen. Das heißt: Sie lassen sich von den Winden tragen. Sie gleiten ganz ohne Flügelschlag durch die Luft. Nur zum Abheben von der Erde müssen sie ihre großen Flügel bewegen. Sobald sie in einen Aufwind kommen, schrauben sie sich – wie ein Gleitschirmflieger – spiralförmig durch Drehbewegungen nach oben. Immer höher und höher, bis sie von der Erde aus nur noch als winzige Punkte zu erkennen sind. Mit diesem Gleitflug können Störche, je nach Windstärke und Luftströmung, bis zu 70 Kilometer in der Stunde zurücklegen. Das ist ungefähr so schnell, wie ein Auto auf der Landstraße fährt.

Paul hat ein bisschen Angst vor der Höhe, in der sie fliegen, denn er ist nicht ganz schwindelfrei. Deshalb haben die beiden Freunde ausgemacht, auf jeden Fall zusammenzubleiben. Das ist für Störche ungewöhnlich, denn sie sind normalerweise Einzelflieger, also alleine unterwegs. Nur zum Ausruhen und Fressen treffen sie sich nachmittags und abends an Flüssen und auf Feldern.

Nachts ruhen sich die Störche aus. Das unterscheidet sie von anderen Zugvögeln, wie der Nachtigall oder der Nachtschwalbe. Störche essen und schlafen nachts, damit sie zwischen zehn Uhr morgens und vier Uhr nachmittags unterwegs sein können. Das hat einen bestimmten Grund: Sie brauchen die Sonne für ihre Reise. An der Sonne orientieren sie sich nämlich. Weil Kalle die Sonne so liebt, nennt ihn Paul mit Spitznamen »Sonnenanbeter« oder »Sonnenkönig«.

Paul ruft seinem Freund, der einen Flügelschlag vor ihm fliegt, zu: »*He, lieber Sonnenkönig, halten wir den Kurs?*«

Kalle lacht und dreht sich zu seinem Freund um. »*Klar, was denkst du denn? Du weißt doch, wir müssen immer die Sonne anpeilen, so haben es uns unsere Eltern erklärt. Blöd ist nur, dass die Erde sich dreht, das macht die Sache mit dem Kurs komplizierter. Die Sonne steht nämlich ständig in einem etwas anderen Winkel zur Erde. Wenn wir stets genau auf die Sonne zufliegen, würden wir uns irgendwann im Kreis drehen. Deshalb müssen wir unsere Flugrichtung immer ein wenig korrigieren. Aber ich habe das schon im Griff!«*

Nicht nur die Sonne, auch das *Erdmagnetfeld* dient den Störchen als *Kompass*, also als Richtungsanzeiger (Landkarten und Straßenschilder helfen ihnen gar nicht weiter – sie können nicht lesen!). Dafür besitzen Störche *Magnetkristalle* im Gehirn, über die sie den *Erdmagneten* spüren können. Außerdem haben sie vermutlich spezielle Sehzellen, die ihnen weiterhelfen.

Kalle dreht sich wieder um: *»Geht's dir nicht gut, Paule – du bist so bleich? Irgendwie wirkst du müde und schlapp.«*

»Ja, mir ist ein bisschen schwindelig vor lauter Schrauben und Drehen. Das waren ganz schön viele Luftströmungen heute.

»Stimmt, aber ich fand's herrlich!«, schwärmt Kalle. *»Von mir aus können wir ne Pause einlegen. Ich finde, es reicht für heute. Außerdem habe ich auch einen Storchenhunger. Mhm, Eidechsen und Frösche wären jetzt genau das Richtige für mich.«*

Da ruft Paul auch schon begeistert: *»Abendbrot! Schau mal, was da unten ist: ein wunderbarer Fluss! Und dort sind auch schon andere Störche. Komm, da bleiben wir heute Nacht. Alles klar zur Landung!«*

Wieso verfärben sich die Blätter im Herbst?

Magdalena, 7 Jahre

Wie ein Fernseher den Strom als Energiequelle braucht, so braucht ein Blatt die Sonne zum Überleben. Warum? Sonst würde ihm die nötige Kraftquelle fehlen und es könnte im Sommer nicht grün werden. Im Sommer scheint die Sonne besonders lang und mit voller Kraft auf die Blätter. In den Blättern gibt es Zellen, die Farben herstellen können. Diese Zellen sehen aus wie linsenförmige Körner. Weil sie so winzig sind, kann man sie nur unter dem Mikroskop sehen. Manche der Körner können grün werden. Das liegt daran, dass diese Zellen einen grünen Farbstoff speichern: das »Blattgrün«, auch *Chlorophyll* genannt. Das Chlorophyll lässt, zusammen mit der Sonne, die Blätter im Sommer grün leuchten. Sobald die Sonne ihre Strahlen auf die Blätter schickt, werden sie grün. Die Sonne macht aber im Sommer nicht nur die Blätter grün, sondern sorgt auch dafür, dass die grünen Pflanzen wichtige Stoffe herstellen können – zum Beispiel Zucker, Eiweiß und Fett. Die grünen Pflanzen nehmen sogar *Kohlendioxid* aus ihrer Umgebung auf und wandeln es um: in Sauerstoff zum Atmen für Menschen und Tiere. Diesen Vorgang nennt man Fotosynthese.

Während der grüne Blattfarbstoff im Sommer alle anderen Farbstoffe überdeckt, die im Blatt zusätzlich enthalten sind, breiten sich diese im Herbst auf dem Blatt aus. *Carotinoide* gehören dazu, also Farbstoffe, die auch in den Karotten sitzen. Die färben die Blätter gelb bis goldgelb. Blätter von Birken haben zum Beispiel viele Carotinoide. Sobald sich die Sonne ein bisschen zurückzieht und weniger Energie auf die Erde sendet, färbt sich das Blatt bunt: gelb, orange und rot.

Die Bäume beginnen dann allmählich, das wertvolle Chlorophyll abzubauen. Der grüne Farbstoff wird in den Ästen und im Stamm den ganzen Winter über gelagert. Zwischen Ast und Blatt bildet sich eine *Korkschicht* aus. Damit gibt es zwischen den Ästen und dem Blatt keine Verbindung mehr und das heißt: Es gelangt weder Wasser noch Energie zum Blatt. Es hängt abgeschnitten von jeder Versorgung am Baum und es bekommt keine wichtigen Mineralstoffe mehr ab – wie zum Beispiel Eisen. Das braune Blatt baumelt irgendwann kraftlos, trocken und welk am Baum, bevor es auf den Boden fällt. Ganz schön aufwändig, wie sich die Bäume auf den Winter vorbereiten, was? Das müssen sie auch tun: Im Winter fehlt nämlich nicht nur die Sonne, häufig gefriert auch das Wasser im Boden. Damit ist der Baum nicht mehr so gut mit Wasser versorgt. Das ist ein Grund, warum die Bäume ihre Blätter vorher abwerfen.

Vergleicht das absterbende Blatt einmal mit einem alten Auto: Bevor ein Auto auf dem Autofriedhof landet, werden alle noch funktionierenden Teile ausgebaut: Lenkrad, Sitze, Motor und alles mögliche andere. Auf dem Autofriedhof liegt dann nur das wertlose Alteisen, das Autogestell ohne Inhalt. Beim Blatt ist das ähnlich: Alle wichtigen Stoffe wandern erst mal aus dem Blatt in die Äste und in den Stamm des Baums. So kann der Baum gut überwintern. Auf den Boden fallen dann nur die abgestorbenen Blätter. Doch selbst die sind noch nützlich: Sie geben dem Boden ihre letzten Nährstoffe und rascheln so schön, wenn ihr im Herbst durch sie hindurchlauft.

Woher kommt der Bumerang?

Tom, 7 Jahre

Habt ihr euch auch schon einmal gefragt, warum der *Bumerang* immer zu seinem Ausgangspunkt zurückkehrt? Das liegt daran, dass er eine bestimmte gebogene Form hat. Krumm wie eine Banane und aus dünnem Plastik: So saust er blitzschnell durch die Luft und kommt, wenn alles gut geht, wieder zurück. Damit das klappt, muss man ihn mit der richtigen Technik von sich wegwerfen. Es ist sehr praktisch, dass das Ding immer wieder zurückkehrt, da muss man es nicht in den Büschen suchen gehen. Ein perfektes Spielzeug, oder? Der Bumerang war aber nicht zu allen Zeiten ein Spielzeug. Vor mehreren tausend Jahren war er eine wichtige Waffe für den Menschen – damals, als sie sich ihr Essen noch selbst fangen mussten.

Die Indianer in Amerika haben meistens mit dem Speer ihre Büffel gejagt. Die Ureinwohner von Australien hingegen, die so genannten *Aborigines*, hatten immer schon eine ganz besondere Wurfwaffe für die Jagd: den Bumerang. Mit dem haben sie Kaninchen oder Kängurus verfolgt. Damals, als es noch kein Plastik gab, war der Bumerang aus dünnem Holz.

Die Aborigines haben ihn selbst geschnitzt. Der älteste Bumerang, den Forscher im Land der Aborigines gefunden haben, ist ungefähr 10 000 Jahre alt!

Das Wort Bumerang stammt vom australischen *Woomera* ab; übersetzt heißt das so viel wie »Wurfbrett« oder »Wurfwaffe«. Dieses gebogene Holzstück hatte schon immer besonders tolle Flugeigenschaften. Die ursprünglichen Bumerangs, mit denen die Australier Kängurus oder Kaninchen gejagt haben, kamen nicht zurück, sondern haben das Tier verletzt, manchmal sogar dessen Kehle durchgeschnitten. Wer also denkt, ein Bumerang sei nur dann echt, wenn er beim Werfen an seinen Ausgangspunkt zurückkommt, der liegt falsch.

Mein Tipp für euch:

Falls ihr auch einen Bumerang als Spielzeug habt, sucht euch bitte immer eine freie, große Wiesenfläche zum Üben. Denn auch mit dem Spielzeug kann man andere verletzen. Denkt daran, der Bumerang war ursprünglich mal eine Waffe!

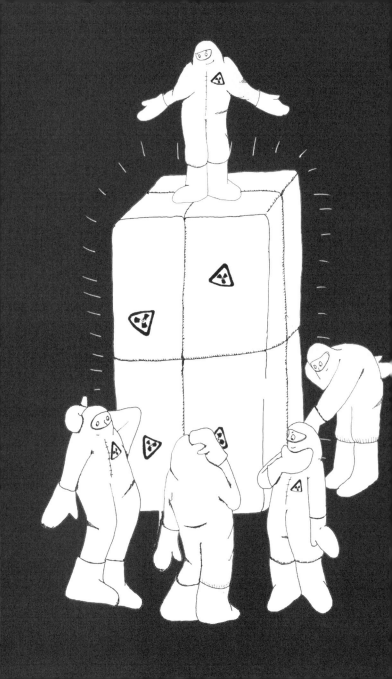

Was ist Radioaktivität?

Azur, 9 Jahre

In den Nachrichten im Fernsehen sehen wir immer wieder Bilder von Menschen, die Straßen blockieren und sich auf Schienen setzen – alles, um den so genannten *Castortransport* zu stoppen. In diesem Sicherheitsbehälter aus Stahl werden nämlich radioaktive Abfälle aufbewahrt, die zum Beispiel in einem Atomkraftwerk hergestellt wurden und zwischengelagert werden müssen. Diese Strahlen können sehr gefährlich sein. Die Menschen setzen sich gegen Atomkraft ein und demonstrieren gegen *Atomkraftwerke*, weil sie Angst haben.

Aber was ist eigentlich *Radioaktivität*? Hat das etwas mit dem Radio zu tun? Radioaktive Strahlung kommt überall in der Natur vor. Der Erdboden strahlt sie aus und auch die Sonne. In kleinen Mengen ist Radioaktivität ganz normal und ungefährlich. Die Strahlung entsteht, wenn sich der Kern der unsichtbaren Atome – also der winzigen Bausteine, die immer um uns herumschwirren – ohne äußeren Einfluss verändert und zerfällt. Dann sendet er radioaktive Strahlen aus. *Radio* heißt nichts anderes als »Strahl«. Leider können wir diese radioaktiven

Strahlen aus der Natur aber nicht direkt zur Energiegewinnung nutzen. Deshalb bauen wir Atomkraftwerke, in denen die Kerne der Atome absichtlich gespalten werden. Bei der *Kernspaltung* entsteht radioaktive Strahlung, die wiederum in elektrische Energie umgewandelt werden kann. Diese Methode, dass man durch Kernspaltung künstlich Radioaktivität herstellen kann, hat die berühmte französische Physikerin Irène Joliot-Curie zusammen mit ihrem Mann 1934 herausgefunden.

Die Entdeckung war bahnbrechend: Denn jetzt können wir die in Atomkraftwerken gewonnene Energie zum Beispiel zum Heizen oder Kochen gebrauchen. Aber leider können diese Strahlen auch sehr, sehr viel Schaden anrichten. Das haben die beiden Forscher damals nicht einmal geahnt. Weil die Strahlen für alle Lebewesen so gefährlich sein können, schützen sich diejenigen, die in Atomkraftwerken arbeiten, mit Schutzanzügen vor ihnen (die sehen so ähnlich aus wie Astronautenanzüge).

Radioaktive Strahlen bestehen aus drei verschiedenen Strahlungsarten: den Alpha-, Beta- und Gammastrahlen. Alle drei sind geruchlos, geräuschlos und unsichtbar. Sie können unsere Körperzellen zerstören. Der Unterschied zwischen den drei Strahlentypen liegt in ihrer Kraft und Energie. Deshalb wirken sie ganz unterschiedlich auf den Menschen.

1.) Alphastrahlen: Sie kommen nur wenige Zentimeter weit und bleiben auch schon in dünnen Som-
merkleidern stecken. Wenn sie auf die Haut treffen,
können sie nicht eindringen. Aber gefährlich sind sie
immer dann, wenn man sie mit der Nahrung verschluckt. Denn dann durchqueren sie im Inneren des
Körpers Körperzellen, die danach meistens abster-
ben. Sie können auch das Erbgut angreifen und be-
wirken, dass sich die Zellen viel schneller teilen als
gewöhnlich. Diese Strahlen können die Krankheit
Krebs verursachen.

2.) Betastrahlen: Sie kommen weiter als die Alphastrahlen, aber nicht so weit wie die Gammastrahlen
– zwischen drei bis vier Meter reicht ihre Energie.
Auch sie können Körperzellen angreifen und zerstören.

3.) Gammastrahlen: Sie können sogar Betonwände
durchdringen und strahlen in der Luft ungehindert
über 100 Meter weit. Ihre Energie ist so stark, dass
sie den ganzen Körper, auch wenn er bekleidet ist,
durchdringen. Gammastrahlen sind allerdings auch
sehr nützlich: Röntgenstrahlen sind nämlich Gammastrahlen. Mit ihrer Hilfe kann der Arzt Knochen
und Organe im Körper seines Patienten sehen. Auf diese Weise können Ärzte beispielsweise feststellen, ob etwas gebrochen ist. Damit die Strahlen
beim Röntgen wirklich nur an
eine Stelle gehen – auf den Ellenbogen
oder Kiefer –, bekommen die Patienten
immer einen dünnen Schutz aus Blei um

die umliegenden Stellen gelegt. Blei hält sogar den Gammastrahl auf.

So, jetzt wisst ihr ungefähr, welche Gefahren von radioaktiver Strahlung ausgehen können. In Atomkraftwerken hergestellte Radioaktivität besteht meistens aus Beta- und Gammastrahlen, also aus den besonders starken Strahlen. Deshalb versuchen manche Menschen den Castor zu stoppen.

Was ist Ultraschall?

Ruth, 6 Jahre

Was hören wir eigentlich, wenn wir Musik laufen lassen oder jemand uns eine Geschichte vorliest? Alle Töne und Geräusche, die wir wahrnehmen, dringen über Schallwellen in unser Ohr. Die schmecken nicht, die riechen nicht und sehen können wir sie auch nicht. Trotzdem schwirren sie immer und überall um uns herum. Schallwellen breiten sich aus und drücken Teile der Luft weg. Diese Schwingungen fängt unsere Ohrmuschel auf und leitet sie zum beweglichen Trommelfell weiter. Dieses wiederum schickt die Geräusche an unser Gehirn weiter, das alle Töne in Informationen umwandelt: Türklingeln, Hundebellen, Musik ...

Es gibt ganz unterschiedliche Arten von Schallwellen: tiefe und hohe. Die ganz hohen können wir mit unserem menschlichen Gehör aber nicht wahrnehmen. Zu den hohen Schallwellen gehören die Ultraschallwellen. Fledermäuse, Wale und Delfine verständigen sich zum Beispiel mit ihrer Hilfe und orientieren sich mit ihnen. Ohne Ultraschallwellen könnten sie nichts hören. Schauen wir uns mal die Mini-Vampire, die Fledermäuse, etwas genauer an:

Wie es sich für richtige Blutsauger gehört, sind sie nachts aktiv – das wisst ihr sicher aus den gruseligen Vampirgeschichten. Aber das sind ja nur Fantasiegeschichten. In Wirklichkeit sind Fledermäuse völlig ungefährlich. Sie haben ziemlich schlechte Augen, genau genommen sind sie so gut wie blind. Dafür können sie umso besser *hören*. Die Fledermäuse »unterhalten« sich mithilfe von Ultraschallwellen, die sie durch Mund und Näschen ausstoßen. Ohne diese Wellen wären sie ganz schön aufgeschmissen: Sie könnten nicht jagen. Sobald diese Laute auf eine Beute, zum Beispiel einen Käfer fallen, werden sie zu den Fledermäusen zurückgeworfen wie ein Echo. Mit ihren großen Ohren kann die Maus das Echo hören. So weiß sie, wie weit ihre Beute weg ist, wo sie sich genau befindet und wie groß sie ist. Die Ultraschallwellen funktionieren also wie ein Peilsystem für die halb blinden Tiere. Deshalb können sie im Dunkeln Hindernissen blitzschnell ausweichen – alles nur über ihr Gehör.

Wir Menschen hören den Ultraschall zwar nicht, aber wir nutzen ihn auch, zum Beispiel in der Medizin. Mit einem Ultraschallgerät können Ärzte in den Körper sehen. Wenn eine Frau schwanger ist, hält der Arzt dafür den Schallkopf des Geräts – das sieht aus wie ein Mikrofon – auf den dicken Bauch der Frau und sendet damit Ultraschallwellen direkt durch die Bauchdecke hindurch zu ihrem Baby. Die Schallwellen stoßen auf das Ungeborene und werden von ihm als Echo zurückgeworfen. Dieses Echo wird wiederum mit einem Empfänger eingefangen und in einem komplizierten Verfahren direkt in Bilder umgesetzt. Die kann sich der Arzt dann auf einem Bildschirm ansehen und gucken, ob die Organe des Babys – zum Beispiel Herz, Leber und Nieren – gesund sind. So können der Arzt und die Frau das Baby im Bauch sehen.

Wir, die wir schon auf der Welt sind, brauchen extra ein Gerät, das die Ultraschallwellen in für uns hörbare Schallwellen übersetzt. Forscher machen das, um zum Beispiel die Sprache der Delfine untersuchen zu können. Habt ihr schon mal Delfine oder Wale im Fernsehen »sprechen« hören? Die geben unter Wasser die tollsten Laute von sich!

V

RUND UM DEN KOPF –

vom Zähneklappern
bis zum Zungenbrecher

Warum klappern wir beim Frieren mit den Zähnen?

Ulrich, 6 Jahre

Wann macht Schwimmen im See keinen Spaß mehr? Wenn das Wasser so kalt ist, dass wir mit den Zähnen klappern müssen. Und wann macht Schlittenfahren selbst mit dem schnellsten Schlitten im besten Pulverschnee keinen Spaß mehr? Wenn es draußen so kalt ist, dass wir mit den Zähnen klappern müssen.

Unser Körper verhält sich manchmal schon komisch: Wenn wir frieren, dann kriegen wir eine ganz knubbelige Gänsehaut, die Härchen stellen sich nach oben und wir klappern mit den Zähnen – warum eigentlich? Möglichkeit Nummer eins: In den Zähnen sammelt sich die gesamte Wärme des Körpers. Wenn wir mit den Zähnen klappern, kann die gespeicherte Wärme durch die Zahnhälse in den Mund kommen und sich von dort im ganzen Körper ausbreiten. Klingt doch logisch – ist aber totaler Blödsinn. Möglichkeit Nummer zwei: Wenn wir frieren, verlieren wir das Kalzium in den Knochen und in den Zähnen. Wenn wir zu wenig Kalzium haben, fangt der Körper an, sich zu schütteln und zu zucken. Nein, auch das ist totaler Quatsch.

In Wirklichkeit haben alle Warmblüter, das sind die Säugetiere und die Menschen, eine bestimmte Körpertemperatur. Ganz egal, wie warm oder kalt es draußen ist: Diese Temperatur *muss* gehalten werden, sie ist sozusagen die lebensnotwendige Temperatur. Der menschliche Körper versucht, immer zwischen 36 und 37 Grad Celsius warm zu bleiben.

Wenn wir auskühlen (kaltes Wasser, im Winter zu lange draußen geblieben), reagiert unser Körper mit einem *Reflex*, das ist etwas, was automatisch geschieht: Er wirft seine Muskeln an. Die können sich in Sekundenschnelle an- und wieder entspannen (siehe auch Seite 209). Auch im Unterkiefer sitzen Muskeln: Wenn's zu kalt wird, arbeiten die Kiefermuskeln auf Hochtouren – dadurch entsteht das Zähneklappern.

Durch diese schnelle Bewegung entsteht Energie, das heißt Wärme. Das Blut verteilt dann die entstandene Wärme im ganzen Körper. Wenn wir zittern und mit den Zähnen klappern, erhöhen wir automatisch unsere Temperatur und sind so rasch wieder auf 36 bis 37 Grad Celsius aufgewärmt. Wenn wir zittern, schützt sich unser Körper automatisch davor, zu kalt zu werden. Wir haben unseren eigenen inneren »Ofen« angeschmissen.

Wie entsteht dieser Reflex? Dafür gibt es in unserer Haut spezielle Zellen, die besonders schnell Kälte wahrnehmen, die so genannten *Käl-*

terezeptoren. Sobald es zu kalt wird, leiten diese Zellen die Information an das Gehirn weiter:

»*Kälterezeptoren an das Gehirn! Temperatur sinkt!*«

Das Gehirn meldet daraufhin sofort den Muskeln:

»*Hirn an Muskeln! Achtung, Unterkühlung! Ihr müsst jetzt mit voller Kraft arbeiten!*«

Wieso können wir uns nicht selbst kitzeln?

Olli, 10 Jahre

Jetzt seid ihr dran:

Seid ihr kitzelig? An den Füßen, unter den Armen oder am Bauch? Dann lasst euch mal von Mama, Papa, euren Geschwistern oder Freunden so richtig durchkitzeln. Danach müsst ihr mal versuchen, euch an genau denselben Stellen *selbst* zu kitzeln. Und, passiert was? Müsst ihr lachen? Nein? Selbstkitzeln, das funktioniert einfach nicht – bei keinem! Genauso ist es übrigens mit dem Selbsterschrecken, das geht auch nicht.

Beides hat den gleichen Grund: Beim Selbstkitzeln spielt das Kleinhirn eine Rolle. Aber bevor wir zum Selbstkitzeln und dem Kleinhirn kommen, schauen wir uns erst einmal an, was beim Kitzeln durch andere passiert. Da ist nämlich das Großhirn im Spiel. Bei jedem Reiz, der von außen kommt, also durch eine andere Person ausgelöst wird, reagiert unser Körper. Wir zucken zusammen, wenn uns andere erschrecken, wir versuchen schnell wegzulaufen, wenn andere uns hauen wollen, wir gehen auf Abstand, wenn wir jemandem nicht trauen. Das ist eine Überlebensstrategie unseres Körpers. Lachen ist etwas Ähnliches wie Zusammenzucken – es ist nichts anderes als eine Reaktion auf Äußeres. Das Lachen ist eine abgemilderte Form der Flucht; der Körper versucht, sich zu schützen. Und weil wir wissen, dass uns beim Kitzeln nichts Schlimmes passieren kann, ist die Reaktion nur ein Rumgackern: Vorm Kitzeln muss man doch nicht wegrennen! Den Befehl für diese Reaktion gibt das Großhirn, das, wie sein Name sagt, das größte unter den Hirnteilen ist.

Was passiert im Körper, wenn wir gekitzelt werden? Überall in der Haut sitzen *Rezeptoren* – das sind empfindliche Zellen, die auf Druck, Schmerz, Temperatur oder Berührung reagieren. In der Fußsohle gibt es zum Beispiel viele von ihnen und unter den Achseln auch. Diese empfindlichen Zellen senden beim Kitzeln Signale (= Informationen) direkt zum Großhirn. Die Informationen fließen durch die Nervenbahnen. Im Großhirn gibt es eine Stelle, die das Kitzelgefühl erkennt. Das Hirn gibt dann sofort einen Befehl an den Körper:

» Los jetzt, alle mal lachen und zucken!«

Das Kleinhirn hat auf diese Ereignisse keinen Einfluss. Aber: Das Kleinhirn tritt in Aktion, wenn eine Handlung nicht von außen, sondern durch uns selbst ausgelöst wird. Bei selbst durchgeführten Bewegungen schaltet es sich ein und fängt den Reiz ab, bevor er im Großhirn ankommen kann. Das Kleinhirn filtert nämlich unwichtigere Reize heraus. Das macht es, um das Großhirn vor der Flut von Reizen, die den ganzen Tag hereinkommen, zu schützen:

»Kein Problem, Chef, brauchst dich nicht zu kümmern, ist keine wichtige Angelegenheit!«

So kann das Großhirn sich auf wichtige Dinge konzentrieren – und ist voll da, wenn wirklich Gefahr droht. Dadurch, dass das Kleinhirn den Selbstkitzelreiz abfängt, verhindert es die völlig unwichtige Reaktion des Körpers. Wenn kein Befehl von oben kommt, zucken und lachen wir eben auch nicht. Das Kleinhirn bringt uns sozusagen um unser Vergnügen, uns selbst kitzeln zu können. Deshalb: Kitzelt lieber andere – bis sie sich vor lauter Lachen biegen!

Warum versprechen wir uns bei Zungenbrechern immer?

Kaja, 9 Jahre

Sagt mal laut und deutlich: »*Der Kaplan klebt Pappplakate an die Plakatwand.*« Kein Problem? Dann nochmal schneller und schneller und noch schneller …!

Ist eure Zunge schon »gebrochen« bei diesem schwierigen Satz? Das geht natürlich gar nicht. Die Zunge kann gar nicht brechen – sie hat ja keine Knochen. Sie ist ein Muskel – so beweglich und gelenkig wie kein anderer Muskel in unserem Körper. Das liegt an ihren besonderen Muskelfasern, denn die verlaufen *dreidimensional*: einmal von vorne nach hinten, dann vom Rand zur Mitte und zuletzt von der Zungenoberseite zu ihrer Unterseite. Auch wenn die Zunge nicht brechen kann: Ordentlich verheddern und verhaspeln kann sie sich schon.

Je schneller ein Zungenbrecher aufgesagt wird, desto eher verheddert sich die Zunge. »*Fischers Fritze fischt frische Fische, frische Fische fischt Fischers Fritze.*« Da kommt die Zunge schon ziemlich durcheinander. Aber nicht nur die: Auch das Gehirn »verknotet« sich bei so komplizierten Sätzen.

Das Tückische an Zungenbrechern ist die besondere Reihenfolge der einzelnen Wörter. Die sind sich sehr ähnlich und unterscheiden sich manchmal nur durch eine Silbe oder einen einzigen Laut voneinander – wie etwa bei »frisch« und »Fisch«. Da muss sowohl die Zunge im Mund richtige Turnübungen machen als auch das Gehirn: Das ist schon eine echt akrobatische Zirkusnummer für die beiden. Und beim Kaplan, der Pappplakate klebt? Bei dem »k« in Kaplan liegt die Zunge ganz hinten im Rachen und bei dem »pl« in Plakate muss sie wie eine schnelle Welle nach vorne schlagen. Die Position der Zunge wechselt also in diesem Zungenbrecher andauernd von hinten nach vorne und umgekehrt. Wenn die Zunge das nicht flink genug hinkriegt, wird aus dem Kaplan ganz schnell ein Paplan …

Bei Fischers Fritze liegt das Problem beim »r«. Das taucht manchmal auf, aber eben nicht nach einem regelmäßigen Muster: Im ersten Teil des Satzes heißt es also fi, fri, fi, fri, fi und im zweiten Teil (Achtung, jetzt der Wechsel!) fri, fi, fi, fi, fri. Je kleiner der Unterschied zwischen den einzelnen Lauten, desto leichter verhaspelt sich die Zunge und stolpert unkontrolliert durch den Mund.

Jetzt seid ihr dran:

Hier noch einige Sätze zum Zungenbrechen für euch: Auf die Plätze, Zunge, fertig, Gehirn, los!

»*Der Potsdamer Postkutscher putzt den Potsdamer Postkutschkasten blank.*«

»*Brautkleid bleibt Brautkleid und Blaukraut bleibt Blaukraut.*«

»*Es klapperten die Klapperschlangen bis ihre Klappern schlapper klangen.*«

»*Zwischen zwei Zwetschgenzweigen sitzen zwei zwitschernde Schwalben.*«

Und jetzt schneller und schneller und noch schneller ...!

Wozu brauchen wir Melanin?

Bela, 6 Jahre

»Hallo, ich heiße Melanin. Nein, nicht Melanie – MELANIN! Ich bin ein wichtiger Farbstoff und sitze in der Haut. Zum Beispiel in der von Susanne. Genauso gut könnte ich auch im Gefieder einer Ente, im Fell eines Kängurus und sogar in der Regenbogenhaut deines Auges sitzen. Von mir und meinen Artverwandten gibt es Hunderttausende. Wir Melanine bringen Farben ins Leben. Wir machen das Leben bunter.

Ob Haare beispielsweise braun oder schwarz werden – das bestimmen meine Freunde und ich. Sitze ich in der Haut drin, dann färbe ich sie – sobald die Sonne ordentlich scheint – schön braun. Ich bin es auch, der so lustige braune oder schwarze Farbkleckse auf dem Körper hinterlässt. Die Menschen nennen meine moderne Punkte-Kunst ›Leberflecke‹. So ein hässliches Wort. Zu den weniger dunklen Punkten sagen sie ›Sommersprossen‹, das gefällt mir schon besser. Leberflecke und Sommersprossen sind übrigens nicht das Gleiche. Leberflecke zieren die Haut meist von Geburt an, sind also angeboren, während sich Sommersprossen – zusammen mit der kräftigen Sommersonne – erst bilden. Je nachdem, wie viele sich von meiner Sorte an einer Stelle auf der Haut befinden, werden die Punkte dunkel- oder hell- braun.

Eine Sache hasse ich wirklich: die Farbe Weiß. Denn, wo es die gibt, da fehle ich, der Farbstoff Melanin. Na ja, eigentlich ist Weiß ja auch gar keine richtige Farbe! Vielleicht habt ihr schon einmal irgendwo einen komplett weißen Gorilla oder ein weißes Pferd oder einen weißen Hasen mit knallroten Augen gese- hen? Diese Tiere haben kein Gramm Melanin in ihrem Körper. Woher die roten Augen kommen? Wenn die Regenbogenhaut – das ist die Haut, die die Pupille umgibt und die für die Farben verantwortlich ist – sich nicht einfärben kann, weil ich fehle, dann schimmert das Blut der Adern durch die durchsichti- ge Haut hindurch. Dadurch wirken die Augen rot.

Moby Dick, *der berühmte Riesenwal, soll übrigens auch schneeweiß gewesen sein. Diese seltenen wei- ßen Lebewesen, das können Menschen und Tiere sein, bei denen ich fehle, haben einen bestimmten Namen: Sie heißen* Albinos. *Das Wort* Albus *(aus dem Lateinischen) steht für ›Weiß‹. Kaum vorzu- stellen, aber Albino-Menschen können nie braun*

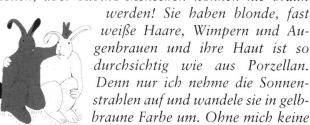

werden! Sie haben blonde, fast weiße Haare, Wimpern und Au- genbrauen und ihre Haut ist so durchsichtig wie aus Porzellan. Denn nur ich nehme die Sonnen- strahlen auf und wandele sie in gelb- braune Farbe um. Ohne mich keine braune Haut, ohne mich kein braunes Fell, ohne mich keine braunen Augen, ohne mich auch keine Punkte-Kunst, kurzum: ohne mich kein buntes Leben!

Uiii, da kommt ein Sonnenstrahl und wärmt mich. An die Arbeit, Melanin, und schnell eine Sommersprosse auf Susannes Nasenspitze gezaubert!«

Wie funktioniert das Schlucken?

Rebecca, 6 Jahre

Nun ist es ja nicht so, dass man sich ständig überlegt: *Ich müsste jetzt mal wieder schlucken* – das geht ganz von alleine. Dafür sorgt der *Schluckreflex*. Wenn ihr schlaft, transportiert der Schluckreflex euren Speichel die ganze Nacht über hinunter in euren Magen. Im wachen Zustand funktioniert das auch automatisch. Zusätzlich könnt ihr aber das Schlucken bewusst beeinflussen und so oft schlucken, wie ihr es euch vornehmt. Praktisch, oder?

In unserem Körper gibt es ganz viele Reflexe. Der bekannteste ist der *Augenlidreflex* oder der *Kniereflex*. Reflexe passieren, ohne dass wir darüber nachdenken müssen. Versucht ihr, das offene Auge mit einem Finger zu berühren, klappt automatisch euer Augenlid zu. Mit diesem Reflex schützt sich das Auge blitzschnell vor Verletzungen. Das Lid schließt sich viel, viel schneller, als ihr denken könnt. Und klopft der Arzt mit einem Hämmerchen leicht gegen euer Knie, schnellt das untere Bein automatisch nach oben.

Wie funktioniert das Schlucken aber ganz genau? Im Hals des Menschen liegen zwei Muskelschläuche direkt hintereinander: vorne die Luftröhre und dahinter die 30 Zentimeter lange Speiseröhre, die zum Magen führt. Wenn die Zunge zum Beispiel ein zerkleinertes Stück Apfel in Richtung Speiseröhre nach hinten schiebt, entsteht der Schluckreflex: Dabei wird der bewegliche Kehlkopfdeckel (der hängt am oberen Ende der Luftröhre) wie ein Klodeckel nach vorne geklappt und verschließt den Eingang zur Luftröhre. Wie der Kehlkopfdeckel nach vorne und wieder zurückschnellt, könnt ihr fühlen, wenn ihr die Hand an den Hals legt und dabei schluckt. Es fühlt sich so an, als ob der knorpelige Kehlkopf in eurem Hals kurz nach oben hüpfen könnte. Für einen ganz kurzen Moment ist dann die Luftröhre versperrt. Ohne den Kehlkopfdeckel würde der Apfelbrei in die Luftröhre gleiten, weil die weiter vorne liegt. Dann müssten wir andauernd husten und irgendwann am eigenen Speichel, Essen und Trinken ersticken. So gleitet aber alles, was wir essen und trinken, über den geschlossenen Deckel hinweg, durch die Speiseröhre hindurch in den Magen hinein.

Manchmal *ver*schlucken wir uns trotzdem – obwohl der Deckel da ist. Meistens passiert das, weil wir zu hastig essen oder während des Essens zu viel sprechen. Wenn wir gleichzeitig reden und essen, müssen wir natürlich auch viel Atem holen. Dann kann der Kehlkopfdeckel sich sozusagen nicht entscheiden und den Zugang zur Luftröhre nicht schnell genug verschließen. Es herrscht ein

Schlucken-Atmen-Chaos und es gelangen winzige Teilchen des Essens in die Luftröhre.

So gesehen macht der Spruch »*Mit vollem Mund spricht man nicht!*« Sinn, oder?

Warum bekommen wir Löcher in den Zähnen?

Anika, 6 Jahre

Kennt ihr diese Situation? Grelles Licht leuchtet in euren weit aufgerissenen Mund, es riecht nach Medikamenten und Reinigungsmitteln, mit euren Händen haltet ihr euch verkrampft am Stuhl fest … und ihr habt nur einen Gedanken: *Hoffentlich findet der Zahnarzt heute kein Loch und ich bin hier schnell wieder weg!*

Bevor, während und nachdem ihr auf dem Zahnarztstuhl schwitzt, sorgen Tausende Bakterien in eurem Mund für Chaos. Sie sind so winzig, dass wir sie mit bloßem Auge nicht sehen können. Sie haben nur ein Ziel: so viel wie möglich futtern. Sie wollen sich Häuser bauen und Höhlen graben und das ausgerechnet in euren Zähnen, denn da finden sie ihre Nahrung. Zähne sind für Bakterien ein wahres Schlaraffenland. Sie fressen euch zwar nicht die Haare vom Kopf, aber dafür den Schmelz von den Zähnen. Die Oberfläche eines Zahns ähnelt der eines Gebirges: In den vielen tiefen Spalten und Klüften können sich die Bakterien prima vor der Zahnbürste verstecken. Essensreste, also die Nahrung für die

Bakterien, bleiben zwischen den Zähnen hängen – auch hier kommt die Zahnbürste nicht so toll hin. Am liebsten futtern die Bakterien Süßigkeiten und alles, worin viel Zucker steckt. Denn Zucker ist ihre Leibspeise, damit fressen sie sich kugelrund und davon leben sie. Auf diese Weise entstehen dann die Löcher. Wenn man Löcher in den Zähnen hat, hat man *Karies* – so nennt das der Zahnarzt.

Die Zähne liegen im Kiefer so ähnlich wie Eisberge im Wasser (siehe Seite 125): Es gibt einen sichtbaren Teil und einen unsichtbaren Teil des Zahnes. Der Zahn ist so lang, dass er ganz tief nach unten in Zahnfleisch und Kiefer hineinragt. Dort befindet sich die Zahnwurzel mit dem Nerv.

Wenn die Bakterien satt sind und sich gestärkt haben, hacken, klopfen und hämmern sie am Zahn herum – so ungefähr könnt ihr euch das vorstellen. Die Bakterien können sich bis zum Zahnnerv in der Wurzel durchfressen – durch den Zahnschmelz hindurch. Das ist die harte, durchsichtige Schicht, die den Zahn umgibt und schützt. Das Loch, das dadurch entsteht, kann sich ganz unterschiedlich ausbreiten: Mal bahnen sich die Bakterien einen kurvenreichen Weg durch den Zahn, mal graben sie eine Art tiefen Kanal zwischen dem einen und dem anderen Zahn oder sie bauen sich einen schmalen Gang. Bis die Bakterien ganz unten am Nerv ankommen, können zwischen vier Wochen und zwei Jahren vergehen. Das Ergebnis ist leider immer das gleiche: Der Nerv wird angefressen, er entzündet sich, der Zahn fault allmählich und *aua, aua!* es kommt der Schmerz.

Wenn es mal so weit ist, kann uns nur noch der Zahnarzt helfen. Der vertreibt die Bakterien mit dem Bohrer und einem Wasserstrahl und zerstört so alle Schlupflöcher. Der Doktor bohrt dann ein schönes, glattes Loch, füllt es mit einer Art Zement auf (der Füllung – auch *Plombe* genannt). So haben die Bakterien keine Chance mehr, den Zahn anzugreifen.

Mein Tipp für euch:

Am besten lasst ihr es gar nicht erst zu einem Loch kommen. Dafür kann man selbst einiges tun: immer morgens und abends die Zähne putzen, weniger Süßigkeiten essen, weniger Cola oder Limo trinken und klebrige Sachen wie Karamellbonbons oder Kaugummis mit Zucker weglassen. Dann kriegen die Bakterien einfach nichts mehr zu futtern. Außerdem solltet ihr die Zähne mit einer Zahnpasta putzen, die *Fluor* enthält. Fluor, eine Art Lack für den Zahn, schließt die Spalten und Risse und verhindert so, dass Löcher entstehen.

Wieso können Haare spröde werden?

Ludwig, 8 Jahre

Haare und Tannenzapfen haben vieles gemeinsam. *Blödsinn*, denkt ihr vielleicht, aber doch: Es gibt große Ähnlichkeiten. Stellt euch vor, allen Menschen würden anstelle von Haaren braune Tannenzapfen auf den Köpfen wachsen: große und dicke, kleine und dünne Tannenzapfen, die eng aneinander liegen. Das würde nicht nur witzig aussehen, sondern wäre auch sehr praktisch: Wir müssten uns nie wieder kämmen.

Schauen wir uns den Tannenzapfen einmal genauer an: Er besteht aus einem Rohr und einer Schuppenschicht, die sich eng um das Rohr herumschmiegt. Die Schuppenschicht bilden kleine Kläppchen, die sich überlappen und die man abbrechen kann, wenn sie trocken sind. Wenn der Tannenzapfen gesund und in Topform ist, hat er eine glatte Oberfläche, weil die einzelnen Kläppchen dicht am Rohr anliegen. Und elastisch und biegsam ist er dann auch. Wenn es aber heiß ist und die Sonne auf die Tannenzapfen-Köpfe scheint, gehen die einzelnen Kläppchen der Schuppenschicht auf wie die Blütenblätter bei einer Blume. Der Tannenzapfen wird dadurch breiter und dicker. Er ist dann nicht mehr so stabil wie vorher und kann leichter austrocknen und brechen.

Und was hat das jetzt alles mit unseren Haaren zu tun?, fragt ihr euch. Ganz einfach: So ein Haar wächst aus einer Haarwurzel, die im Kopf sitzt, heraus. Haare sind übrigens nichts anderes als abgestorbene Haarzellen. Das Haar besteht aus einer ganz ähnlichen Schuppenschicht wie ein Tannenzapfen. Das erkennt ihr allerdings nicht beim bloßen Hinschauen. Dazu braucht ihr schon ein Mikroskop, das das Haar vergrößert.

So ähnlich, wie ein Tannenzapfen durch Wind, Sonne und Regen aufgehen und seine Form verlieren kann, passiert das beim Haar auch: Wenn das Haar stark beansprucht wird, öffnen sich die Schuppen-Plättchen des einzelnen Härchens – von den Haarspitzen bis zur Kopfhaut. Die Härchen, die sich so aufplustern, verheddern sich untereinander und verfilzen nach und nach. Das Haar ist spröde.

Aber zum Glück gibt es immer Nachschub: Aus der Haarwurzel wachsen Haare nach. Ungefähr einen Zentimeter im Monat. Außerdem wachsen täglich 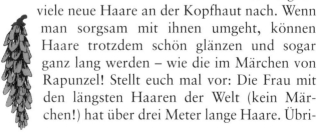 viele neue Haare an der Kopfhaut nach. Wenn man sorgsam mit ihnen umgeht, können Haare trotzdem schön glänzen und sogar ganz lang werden – wie die im Märchen von Rapunzel! Stellt euch mal vor: Die Frau mit den längsten Haaren der Welt (kein Märchen!) hat über drei Meter lange Haare. Übrigens trägt sie bestimmt lieber Haare als Tannen-zapfen auf ihrem Kopf. Ihr auch, oder?

Meine Tipps für euch:

Wenn ihr eure Haare regelmäßig schneiden lasst, sind sie unten immer schön stumpf. Dann können die Spitzen nicht zu trocken werden oder sich spalten. Beim Fahrrad- oder Skifahren tragt ihr am besten immer eine Mütze. Sonst greift der Wind die Schuppenschicht der Haare zu hef-tig an. Wenn ihr euch ein bisschen Zeit nehmt, könnt ihr eure Haare nach dem Waschen zu-sätzlich pflegen: mit einer Bierspülung zum Beispiel, mit Olivenöl oder mit Ei. Das macht das Haar glatt und glänzend.

VI

IM ALLTAG –

von Käselöchern
bis Pupsen

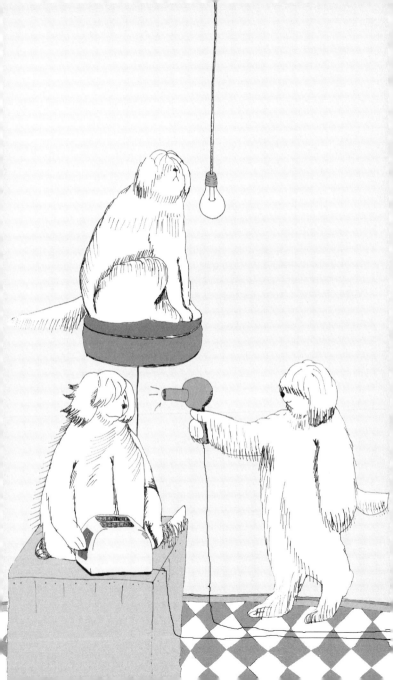

Wie fließt der Strom durch die Leitung?

Florian, 7 Jahre

Über elektrischen Strom habt ihr ja sicher schon vieles gehört. Er ist aus unserem täglichen Leben nicht wegzudenken: Toaster, Föhn, Lampen, Radio, Fernseher, Computer …: Ohne ihn liefe gar nichts.

Strom besteht aus winzig kleinen Teilchen, so genannten *Elektronen*. Diese purzeln in der Leitung wie Wassertropfen durcheinander. Einen breiten Fluss nennt man Strom und genauso nennt man Elektrizität – einen Fluss aus Elektronen – ebenfalls »Strom«. Dieser Vergleich ist gar nicht so dumm, denn Strom bewegt sich in den Kabeln wie eine Welle, die man nicht sehen kann. Der elektrische Strom fließt über lange Leitungen von den Kraftwerken, wo er »hergestellt« wird, in eure Wohnzimmer. Stellt euch ein Dominospiel vor: Im Kraftwerk stupft einer ein »Stromsteinchen« an, die Steine stoßen sich eins ums andere der Reihe nach an – bis die Bewegung schließlich bei euch in der Steckdose ankommt.

Jetzt seid ihr dran.

Ihr braucht zwei Plastikeimer und ein Stück Schlauch (nicht einfach den Gartenschlauch kaputtmachen!). Füllt einen Eimer mit Wasser und stellt ihn auf einen Tisch. Der zweite kann leer bleiben; er kommt auf den Boden. In den Tisch-Eimer bohrt ihr im unteren Bereich ein kleines Loch. In das Loch steckt ihr den Schlauch. Das untere Ende des Schlauchs haltet ihr in den Boden-Eimer. Wohin fließt das Wasser? Genau. Von oben nach unten. Das Wasser folgt der Schwerkraft. Und der elektrische Strom folgt – wie alles auf der Erde – einer bestimmten Richtung: der Kraft des *elektrischen Feldes* in der Leitung.

Das elektrische Feld ist eine Art *Spannung*, die im Stromkabel herrscht. Die beiden Eimer kann man sich so ähnlich vorstellen wie die beiden Enden einer Batterie. Auf dem einen Ende steht ein + (Plus) und auf dem anderen ein – (Minus). Die Zeichen drücken aus, dass an den Enden eine unterschiedliche Spannung herrscht. Dadurch entsteht ein *Spannungsgefälle*, wie bei den Wassereimern ein Höhenunterschied. Durch die unterschiedliche Spannung wird der Strom im Kabel in eine bestimmte Richtung gelenkt. Meistens bewegt er sich von »+« nach »–«. Genau, bei Plus ist viel und bei Minus wenig elektrische Spannung. Das muss auch so sein, denn von alleine würde der Strom niemals in die Gänge kommen.

Als *elektrische Leiter*, so nennt man die Kabel, eignen sich bestimmte Metalle besonders gut: zum Beispiel Kupfer, ein hellrot glänzendes Schwermetall, oder Aluminium (daraus wird Alufolie gemacht). Die Kabel von Haushaltsgeräten sind mit Materialien wie Gummi oder Kunststoff umwickelt. Das wiederum sind schlechte Leiter. Wären die Kabel nicht umhüllt, würden Personen, die die Metallleitung berühren, einen *Stromschlag* bekommen. Der ist so gefährlich, dass man davon sterben kann. Bei einem Stromschlag fließt der Strom nämlich einfach weiter: aus der Leitung heraus in den Menschen hinein. Auch der Mensch ist ein guter elektrischer Leiter.

Wie wichtig Strom in unserem Leben ist, merken wir erst, wenn er mal nicht mehr fließt – wie bei einem Stromausfall. Dann ist die gesamte Stadt von einer Sekunde auf die andere dunkel: Die Straßenlaternen gehen aus, der Toaster toastet nicht mehr, das Radio verstummt, alle Aufzüge bleiben stecken und die Rolltreppen in den U-Bahnen und Kaufhäusern funktionieren nicht mehr. Die Computer in den Büros schalten sich ab und auch die Fernseher streiken. Da hilft nur eines: die Kerzen aus dem Schrank holen und sich Gruselgeschichten erzählen! Wer eine elektrische Zahnbürste hat, na, der hat bei Stromausfall eine prima Ausrede, warum er sich nicht die Zähne putzen kann …

Wie kommen die Löcher in den Käse?

Benjamin, 6 Jahre

Löcher in die Luft starren – klar, das habt ihr bestimmt auch schon gemacht. Löcher in Strümpfe machen – das geht schnell. Anderen Löcher in den Bauch fragen – logisch, das tut ihr besonders gerne! Das Letzte darf man natürlich nicht so wörtlich nehmen – oder habt ihr etwa schon einmal jemanden so lange ausgefragt, bis er ein Loch im Bauch hatte?

Wie aber kriegt man bloß die Löcher in den Käse? Das kostet Zeit und ist gar nicht mal so einfach. Zunächst einmal braucht man eine Kuh, die Milch gibt. Dann ist eine Molkerei nötig, in der der Käse hergestellt wird. Und das geht so: Als Erstes wird zu der Milch, die in einem Bottich schwimmt, ein Säuerungsmittel geschüttet; außerdem werden Bakterien hineingetropft. Die Bakterien sind äußerst nützlich und kein bisschen gefährlich. Dadurch wird aus der flüssigen Milch eine festere Masse. Sie sieht aus wie Jogurt oder Dickmilch. Gleichzeitig produzieren die Bakterien *Kohlensäurebläschen*, die sich wie Luftblasen aufblähen. Kohlensäure ist das Gas, das auch in der Limo ist (siehe Seite 117).

Durch diese Blubberei entstehen die ersten Löcher
im Käse. Unzählige Kohlensäurebakterien sind nötig,
damit sich unterschiedlich große Löcher bilden können. Die Milch »pupst« also. Man kann es sich wirklich wie Blähungen vorstellen – mit einem Unterschied: Die Käselöcher stinken nicht und sie geben
auch keine Furzgeräusche von sich. Dieser ganze
Blähvorgang heißt *Gärung*. Je nachdem, wie viele
Bakterien man in die Milch gibt, pupst sie mal mehr,
mal weniger. Deshalb haben auch nicht alle Käsesor-
ten gleich viele und gleich große Löcher. Tilsiter, Eda-
mer, Leerdamer, Maasdamer und Bergkäse unterscheiden sich in Anzahl und Größe ihrer Löcher.
Beim Emmentaler sind die Löcher zum Beispiel riesig
und beim Bergkäse eher klein.

Und so wird der Emmentaler hergestellt: Erst wird
eine bestimmte Menge an Säuerungsmittel in die
Milch gegeben. Dann wird die fest gewordene Milch-
masse mit den Luftlöchern in kleine Teilchen ge-
schnitten. Die Teilchen landen in einem warmen
Raum. Dort trocknen sie und werden fest. Dann
kommen sie in Pressen und wachsen innerhalb eines
Tages zu einer Masse zusammen. Die Kohlensäure-
hohlräume gehen dabei nicht kaputt. Wenn der ge-
formte Käse schließlich in einen
Lagerraum kommt, können die
Löcher sich endgültig formen.

Jede Käsesorte kommt in einen
speziellen Raum mit unterschiedlichen Temperaturen und unter-
schiedlicher Luftfeuchtigkeit. Ein

Bergkäse, der nur winzig kleine Löcher hat, wird beispielsweise bei zwölf Grad gelagert. Der Emmentaler lagert in einem Raum, der zwischen 14 und 16 Grad warm ist – so warm wie bei uns im Frühling – und der eine sehr hohe Luftfeuchtigkeit hat. Je wärmer und feuchter der Raum, desto mehr dehnen sich die Löcher aus. In dem Lagerraum ist es so feucht, dass einem die Kleider gleich am Körper kleben, wenn man hineinkommt. Zwei bis drei Wochen reift der Emmentaler dort vor sich hin. Irgendwann ist der Käse so hart, dass die Löcher sich nicht mehr verändern.

Mein Tipp für euch:

Wenn eure löchrigen Socken mal nach Käse riechen, hat das nichts mit Gärung zu tun. Deshalb werden die Socken auch nicht besser, je länger man sie lagert. Hier hilft nur eins: ab in die Wäsche!

Was ist Schimmel?

Laura, 7 Jahre

Heute Mittag geht ihr mit eurer Mama oder eurem Papa einkaufen: Ihr braucht Käse, Toast, verschiedene Obstsorten, Milch und Jogurt. Auf fast allen Lebensmitteln steht ein *Verfallsdatum*. Nach diesem Datum soll man die Lebensmittel nicht mehr essen, weil sie verdorben sein können. Zu Hause angekommen, öffnet ihr hungrig das Toastbrot ... aber, was ist denn das? Gleich auf der ersten Brotscheibe ist ein grau-grüner Fleck. Finger weg, das ist nicht gesund! Jetzt gibt es erst einmal keinen Nutella-Toast.

Wenn ihr genauer hinseht, merkt ihr, dass der Fleck sich wie ein flauschiges, feines Fell überm Toast ausbreitet. Aha, ein Schimmelpilz sitzt auf dem Brot, obwohl das Verfallsdatum noch gar nicht abgelaufen ist. So etwas passiert schon mal. Auch Obst, Brot, Marmelade und andere Lebensmittel können schimmeln. Sogar Wände aus Holz oder Stein, Kleider, Papier, Tapeten und Blätter werden vom Schimmelpilz nicht verschont.

Der Schimmelpilz ist ein Lebewesen, dessen Körper sich aus feinen Fäden zusammensetzt. Sie sehen ein bisschen aus wie die Fäden bei der Zuckerwatte. Der

Pilz ernährt sich von: Traubenzucker (der in der Natur am meisten vorhandene Zucker, zum Beispiel in Früchten und Honig), Malzzucker (zum Beispiel im Bier) und Staub (kommt überall vor).

Der Pilzbefall tritt dann ein, wenn die Pilzsporen, die überall in der Luft um uns herum sind, zu keimen beginnen. Das tun sie nur unter ganz bestimmten Bedingungen: Sie brauchen dazu eine sehr hohe Luftfeuchtigkeit (das Badezimmer ist ein idealer Ort), Wärme und natürlich das Material, von dem sie sich ernähren. Die ersten Fäden sind mit dem bloßen Auge meistens noch gar nicht zu erkennen. Sie futtern fleißig und wachsen weiter, bis ein Geflecht entsteht. Und das könnt ihr dann auf eurem Toastbrot sehen.

Wenn Lebensmittel verschimmeln, darf man sie auf keinen Fall mehr essen, denn sie können giftig sein. Der Schimmel riecht nach einiger Zeit auch bitter. Am besten, ihr werft verschimmelte Lebensmittel gleich in den Mülleimer.

Wie kann man verhindern, dass Lebensmittel schnell verderben? Die Milchprodukte stellt ihr am besten sofort in den Kühlschrank. Dort ist es schön kalt und trocken. Die so genannten *Sporen* des Schimmelpilzes lieben feuchtwarmes Klima … Auch Brot sollte trocken und nicht zu warm gelagert werden.

Übrigens sind nicht alle Schimmelpilze – es gibt über 250 verschiedene Pilzarten – giftig. Auf dem Käse *Camembert* sitzt zum Beispiel ein Schimmelpilz, der einfach nur gut schmeckt und uns Menschen nicht schadet. Wenn ihr euch nicht sicher seid, was ihr essen könnt und was nicht, fragt lieber eure Mama oder euren Papa.

Mir fällt übrigens noch ein Schimmel ein, der kein bisschen giftig ist: Er hat oft graue Flecken auf dem Po, eine Mähne und einen Schweif. Richtig, die weißen oder weiß-grau gefleckten Pferde heißen auch Schimmel.

Jetzt seid ihr dran:

Sucht euch einen Spielpartner, mit dem ihr Teekesselchen spielen könnt. So funktioniert's: Ihr denkt euch einen Begriff aus, der zwei Bedeutungen hat – wie der *Schimmel*, der einmal ein Pferd ist und einmal ein Pilz. Der andere muss den Begriff erraten. Ihr beginnt das Spiel mit den Worten: *»Mein Teekesselchen hat einen Schweif…«* Im nächsten Satz sagt ihr: *»Mein Teekesselchen sitzt auf Obst, Kleidern und an Wänden…«* Beschreibt einfach die Dinge, ohne dabei den Begriff selbst zu verraten, und wechselt mit euren Beschreibungen immer zwischen den beiden Wörtern hin und her. Irgendwann ist bei eurem Spielgefährten dann der Groschen gefallen. In der nächsten Runde wird gewechselt: Der andere überlegt sich einen Begriff mit zwei Bedeutungen und ihr müsst ihn erraten.

Weitere Wortbeispiele:

- *Krone* – einmal die Krone des Königs und einmal die Baumkrone
  - *Schloss* – einmal das Türschloss und einmal das Schloss zum Wohnen
    - *Birne* – einmal die Glühbirne und einmal die Birne zum Essen.

      Bestimmt fallen euch noch ganz viele Begriffe ein.

Wie kommen die Nachrichten
aus aller Welt ins Radio?

Helena, 9 Jahre

Jeden Tag hören wir im Radio Nachrichten aus der ganzen Welt. Aus Kalifornien oder dem Irak, aus Kenia, der Tschechei oder aus Japan: Überall gibt es *Nachrichtenjournalisten*, die ihre Augen und Ohren offen halten, um darüber zu berichten, was in fremden Ländern los ist. Diese Journalisten, die im Ausland für uns Deutsche arbeiten, nennt man *Korrespondenten*.

Der deutsche Radiojournalist Jörg Paas war lange Zeit Korrespondent für den *Bayerischen Rundfunk* und für andere Radiosender. Er hat uns über Ereignisse in Argentinien, Kolumbien und Brasilien informiert. Gelebt hat er in der riesigen Hauptstadt von Argentinien: Buenos Aires ist ungefähr zehn Mal so groß wie München oder vier Mal so groß wie Berlin. Da ist natürlich jede Menge passiert. Alle Themen, die Jörg Paas in Buenos Aires interessant und berichtenswert fand, bot er deutschen Sendern an.

Eine solche Geschichte ereignete sich zum Beispiel 1999 in Buenos Aires – in genau dem riesigen Stadtviertel, in dem Jörg damals wohnte: Mitten in der Nacht fiel der Strom aus, weil es in einem Elektrizitätswerk brannte. Nur wenige Stunden nach dem Brand konnten wir hier in Deutschland die Nachricht vom Stromausfall und seinen Folgen im Radio hören. Jörg hat uns in Deutschland sofort darüber informiert. Woher wusste er, was genau passiert war?

Kurz nach dem Aufstehen am frühen Morgen hat Jörg über seinen Hausmeister vom Stromausfall erfahren. Jörg fuhr gleich zu dem Elektrizitätswerk, um sich alles vor Ort anzuschauen. Es war im Hochsommer und 37 Grad heiß. Stellt euch vor: Im ganzen Stadtviertel gab es auf einmal keine Klimaanlagen mehr. Und in den oberen Stockwerken ihrer Häuser hatten die Menschen kein Wasser zum Waschen mehr, denn in Buenos Aires wird das Wasser über Elektropumpen in die oberen Etagen gepumpt. Weil es keinen Strom mehr gab, konnten die Elektropumpen auch nicht mehr arbeiten. Jörg dachte sich, dies sei auf jeden Fall ein Ereignis, das die Deutschen interessieren könnte. Damit es ein richtiger Radiobeitrag wurde, musste Jörg zunächst mit den betroffenen Leuten sprechen: mit den Männern, die im Elektrizitätswerk arbeiteten, und mit Menschen, die in einem Haus ohne Strom wohnten. Schließlich brauchte er fürs Radio so genannte *O-Töne*. So heißen die Originalaufzeichnungen von den Gesprächen, die er mit den Menschen geführt hat – damit wir sie später im Radio hören können.

Als Jörg alle Interviews und Geräusche aufgenommen hatte, machte er das, was alle anderen Reporter auch machen: den Beitrag zusammenstellen. Nur haben Korrespondenten im Ausland meistens keinen Techniker, der ihnen beim Schneiden und Überspielen der Aufnahmen hilft. Jörg war in seinem Büro umgeben von vielen modernen Aufnahme- und Überspielgeräten. Aus seinen Aufnahmen bastelte und schnitt er sich den Radiobeitrag mit den O-Tönen selbst zusammen. Über eine Übertragungsleitung – die meist besser ist als eine Telefonleitung – verschickte er dann seine Nachricht nach Deutschland, in den Bayerischen Rundfunk. Und der sendete die Nachricht mehrere Male am Tag im Radio. Auf diesem Weg hat uns also die Nachricht über den Brand im Elektrizitätswerk erreicht. In diesem Fall war es für Jörg relativ leicht, an die Informationen zu kommen, weil sich das Ereignis in der Stadt zugetragen hatte, in der er selbst damals gelebt hat und er deshalb einfach zu den Betroffenen hinfahren konnte. Aber wie erfahren die Journalisten im Ausland von Vorfällen, die mehrere hundert oder tausend Kilometer von ihren Korrespondentenbüros entfernt passieren?

Dafür gibt es *Nachrichtenagenturen*, die überall in den einzelnen Ländern verteilt sitzen. Sie werden von Zeitungen und Radiosendern dafür bezahlt, jedes wichtige Ereignis so schnell wie möglich zu erfassen und in den Computer zu stellen. Der Korrespondent kann dann in seinem

Computer nachschauen, was in seinem Gebiet los ist. Das können Überschwemmungen, Erdbeben oder andere Naturkatastrophen sein – oder der Auftritt eines wichtigen Politikers. Wenn eine spannende Nachricht dabei ist, bietet der Korrespondent das Thema den Radiosendern in Deutschland an. Auch auf diesem Wege kommen ganz viele Nachrichten aus aller Welt zu uns ins Radio.

Wieso tut Muskelkater weh?

Susi, 7 Jahre

Kennt ihr das? Ihr wacht morgens auf, räkelt euch genüsslich im Bett und da durchzuckt plötzlich ein Schmerz eure Beine. Aua, ihr habt einen ordentlichen Muskelkater! Vielleicht vom Völkerball-Spiel oder von einer langen Wanderung in den Bergen oder vom gestrigen Gummihüpf-Marathon auf dem Schulhof?

Auch nach einem 75-Meter-Wettlauf kann man Muskelkater bekommen. So ein *Sprint* (= englisch für spurten; einen schnellen Kurzstreckenlauf machen) kostet nämlich viel Kraft. Vor allem die Muskeln müssen sich dabei anstrengen. Bei jeder sportlichen Bewegung dehnen sie sich. Beim Laufen sind vor allem die Beinmuskeln in Aktion. Alle 650 Muskeln (!) in unserem Körper bestehen größtenteils aus Wasser und ganz vielen Muskelzellen – das sind winzige Hohlräume. Die Muskelzellen reihen sich so an- und hintereinander, dass sie wie bewegliche Ketten aussehen. Die Ketten können sich wie Gummibänder ausdehnen (vergrößern) oder zusammenziehen (verkleinern).

Einen Muskel kann man sich am besten vorstellen wie eine Luftballonwurst, die mit Wasser gefüllt ist.

Von einem Ende des Ballons verlaufen drinnen ganz viele solcher dehnbarer Ketten zum anderen Ende. An den Enden sind die Ketten an ganz empfindlichen Muskelfasern aufgehängt, den so genannten Z-Streifen. Das Wasser umgibt diese Ketten und fließt sogar zwischen den einzelnen Zellen hindurch. Wenn das Gehirn oder das Rückenmark den Befehl »*Lauf schnell los!*« in den entspannten Beinmuskel schickt, dann dehnen sich dort die Bänder sofort auseinander. Je mehr sich der Muskel bewegen muss, desto stärker verlängern sich die beweglichen Ketten. Bei einem schlecht trainierten Muskel sind die Bänder viel kürzer als bei einem geübten sportlichen Muskel.

Bei einem Sprint wie dem 75-Meter-Lauf werden die Bänder so schnell so weit gedehnt, dass die Aufhängungen, diese empfindlichen Muskelfasern, sogar reißen und kaputtgehen. In die gerissenen Stellen läuft sofort Wasser. Die Flüssigkeit sammelt sich wie kleine Pfützen darin und vergrößert die Hohlräume der Muskelzellen. Genau diese Dehnung spüren wir als Muskelkater. Warum der Schmerz erst einen Tag nach der sportlichen Übung eintritt? Das Wasser dringt zwar schnell in die eingerissenen Muskelzellen ein, aber die weiten sich nur nach und nach aus. Und das tut dann erst später richtig weh. Keine Sorge, ein Muskelkater richtet keinen bleibenden Schaden an: Schon während der Belastung, also während eines 75-Meter-Laufs, fängt der Körper an, wieder neue Muskelfasern aufzubauen und zu bilden. Dadurch wachsen also immer wieder neue Zellen nach (deshalb kann ein Muskel auch größer werden).

Irgendwie ist das schon ungerecht: Der 75-Meter-Läufer bekommt einen Preis oder wenigstens Applaus, wenn er gut war. Die Muskeln kriegen für ihre Anstrengung auch noch einen Kater.

Mein Tipp für euch:

So könnt ihr Muskelkater vermeiden: Bevor ihr einen Wettlauf macht, Völkerball spielt oder wandern geht, solltet ihr immer langsam die Beinmuskeln aufwärmen, indem ihr sie vorsichtig dehnt. Außerdem hilft es, wenn ihr regelmäßig Sport betreibt. Dann sind eure Muskeln nämlich immer gut in Form. Wer im Sommer radelt, Inlineskates fährt und schwimmt, sich aber im Winter faul in den Sessel verkriecht, der beansprucht seine Muskeln nicht gleichmäßig. Das merkt ihr dann im Frühjahr, wenn ihr euch wieder anstrengt: Darauf sind die Muskeln so plötzlich nicht vorbereitet.

Wie funktioniert ein Reißverschluss?

Nikolas, 7 Jahre

Wenn ein Schuster einen Schuh anfertigen will, braucht er zunächst zwei Sachen: ein großes Stück Leder und eine Idee, wie er den Schuh befestigen soll. Möglichkeit Nummer eins: mit einer Wäscheklammer. Die hält so lange, bis einer mit dem Schuh loslaufen will. Nicht empfehlenswert. Möglichkeit Nummer zwei: mit einem Knopf. Aber der Knopf springt ab und der Schuster fängt wieder von vorne an. Neue Idee: mit einem Reißverschluss. Der ist wasserfest (wenn er aus Kunststoff ist), schließt ab und hält garantiert. Mit einem *Zip*, so heißt der Reißverschluss auf Englisch, kriegt man alles zu: Röcke, Hosen, Rucksäcke, Zelte, Geldbörsen, Bleistiftmäppchen oder eben Schuhe. *To zip* heißt auf Englisch »flitzen«.

Mit Schuhen hat alles angefangen: Vor 110 Jahren hat sich ein amerikanischer Ingenieur namens Judson jeden Morgen geärgert, dass er seine Stiefel so umständlich zuschnüren musste. Da hat er kurzerhand einen so genannten *Hakenverschluss*, den Vorläufer des heutigen Reißverschlusses, erfunden. Der funktionierte noch mit Haken und Ösen.

Wie fertigt man heute einen Reißverschluss an? Zunächst braucht man mehrere Rollen Garn. Aus diesen Rollen wird mit einer Maschine ein Bändchen gewebt. Das ist das Bändchen, an dem man später den Reißverschluss – zum Beispiel ins Kleid oder in die Hose – festnäht. Als Nächstes wird ein Plastikfaden mit Beulen um einen Eisenstift gewickelt – wie eine Wendeltreppe. Von der Wendeltreppe braucht man gleich zwei. Sie werden nebeneinander gelegt. So entstehen die Hakenreihen und der Verschluss. Der Verschluss wird mit den Bändchen zusammengenäht. Eine Sache fehlt noch: der Schieber. Er sieht innen aus wie der Buchstabe »V«. Beim Zuziehen werden die beiden einzelnen Stränge durch das V zusammengezogen. Die Zähnchen können dann gar nicht anders, als sich aneinander festzuhalten. Den Schieber umschließen zwei Metallklammern, so kann er nicht wegrutschen. Fertig ist der Reißverschluss.

Perfekt? Nein. Schließlich haben wir alle schon einmal erlebt, wie das ist, wenn ein Reißverschluss plötzlich klemmt: Ein Stück Stoff hat sich in die Zähnchen gewickelt.

Aber auch das muss heute nicht mehr sein: 1998 hat ein 13-jähriger Schüler den »klemmsicheren« Reißverschluss erfunden. Ein Metallschlitten auf dem Verschluss drückt den störenden Stoff, zum Beispiel die Bluse oder die Lederzunge am Schuh, einfach zur Seite. Perfekt!

Warum müssen wir pupsen?

Yvonne, 6 Jahre

Als Nina um ein Uhr aus der Schule heimkommt, hat sie schon mächtig Hunger. In der gesamten Wohnung riecht es nach Kohl. *Lecker*, denkt Nina, denn Blumenkohl mit Semmelbröseln gehört zu ihren Lieblingsgerichten. Sie schlägt sich den Bauch voll, macht ihre Hausaufgaben und fährt nachmittags mit dem Bus zum Turnen in den Nachbarort. Aber das Turnen macht ihr heute gar keinen Spaß, weil sie andauernd pupsen muss. Die anderen Kinder in ihrem Kurs beschweren sich schon:

»Iiih, hier stinkt's!«

Das ist Nina ziemlich peinlich und sie wird rot. Der Gestank verrät sie immer wieder. Die Kinder lachen sie aus. *Ob das etwas mit dem Blumenkohl von heute Mittag zu tun hat?*, fragt sich Nina.

Ja, manche Nahrung *bläht*. Das Pupsen hat immer auch etwas mit dem Essen, das wir zu uns nehmen, zu tun. Wenn die Nahrung ihre lange Reise durch unseren Körper antritt, geben wir allerlei Laute von uns: Es blubbert, knurrt und gluckst in unserem Bauch und manchmal lassen wir eben einen Pups fahren.

Die Verdauung beginnt im Mund: Dort zerkleinern unsere Zähne mithilfe des Speichels den Kohl zu einem Brei. Dann kommt der Blumenkohlbrei in den Magen und wird in noch kleinere Teile zerlegt: Die Muskeln walken den Mageninhalt durch; der *Magensaft* zersetzt die Teilchen. Im Magen bleibt das Essen ungefähr zwei bis drei Stunden. Von dort aus gibt es eine kleine Öffnung in den Dünndarm. Dieser lange Schlauch windet sich wie eine Serpentinenstraße in unserem Bauch. Hier wird das Essen mithilfe des Darmsafts in Fette, Eiweiße und Kohlenhydrate aufgespalten und über die Darmwand ins Blut abgegeben, denn diese Stoffe sind wichtig für unseren Körper. Der Rest, der nicht weiter verwertet werden kann, landet in unserem Dickdarm. Der Nahrungsbrei bleibt bis zu 15 Stunden im Dickdarm. Dann wird er über den *After* ausgeschieden.

Der Darm ist eine richtige Hochleistungsmaschine: Dort arbeiten 400 verschiedene Arten von winzigen Darmbakterien, die das Unverdauliche immer wieder ab- beziehungsweise umbauen. Sie *recyceln* (= wiederverwerten) unsere Nahrung und gewinnen aus den Resten wertvolle Mineralstoffe und Energie.

Beim Verdauungsvorgang bilden sich Gase und es  entstehen Luftlöcher im Darm. Das ist ganz normal – bei allen Speisen. Bestimmtes Essen ist schwerer zu verdauen als anderes. Durch die größere »Anstrengung« der Bakterien bilden sich dann bis zu zehn Mal mehr Gase als sonst. Wenn die entweichen, entsteht ein riechender

Pups. Alle Kohlsorten (Blumenkohl, Brokkoli, Rosenkohl, Weißkohl ...) strengen den Darm an. Zu den blähenden Speisen gehören außerdem Hülsenfrüchte – also Erbsen, Bohnen, Linsen und Nüsse – sowie Zwiebeln, frisches Obst und frisches Brot. Übrigens: Wenn wir Kirschen essen und dabei Kerne verschlucken, landen die als Ganzes wieder in der Kloschüssel. Auch Maiskörner kommen unverdaut wieder hinten raus.

Unabhängig davon, *was* wir essen, kommt es auch darauf an, *wie* wir essen. Wer beim Essen viel redet oder lacht, nicht gründlich kaut oder hastig schlingt, verschluckt dabei jede Menge Luft. Ein Teil der Luft kann beim Aufstoßen wieder entweichen, aber ein Teil tritt die Reise durch die Verdauungsorgane an. Hinten kommt die Luft als Pups wieder raus. Manche Pupse sind laut, wie ihr wisst. Wenn viel Gas auf einmal aus uns herauskommt und mit dem Sauerstoff in der Luft in Berührung kommt, gibt es ein Geräusch, den *Knalleffekt*.

Pupsen ist gesund. Dadurch können die Gase aus unserem Dickdarm entweichen. In jedem Fall müssen wir mit rund einem Liter Pups am Tag rechnen. Denn so viel Gas bilden die Bakterien in unserem Dickdarm. Bis zu zehn Mal pupsen am Tag ist auch völlig normal. Wer oft einen aufgeblähten Bauch hat, der sollte viel Flüssigkeit trinken oder seinen Bauch massieren lassen – das hilft.

 Übrigens: Kaninchen, Hunde und Kühe pupsen auch. Was ist wohl mit Hühnern? Dass sie einen Bauchnabel haben, wissen wir jetzt. Also haben sie auch einen Bauch. Aber ob der pupsen kann? Ich weiß nicht. Mal einen Experten fragen …

GROSSES WISSENSQUIZ
FÜR SCHLAUE KÖPFE

Nachdem ihr das Buch gelesen und hoffentlich viel Neues erfahren habt, könnt ihr euer Wissen gleich in einem spannenden Rätsel testen. Und so geht's: Beantwortet einfach die einzelnen Fragen (natürlich dürft ihr im Buch spicken!). Alle Buchstaben zusammen ergeben ein Lösungswort. Fertig? Dann los:

Frage 1:

Welches Tier kann kopfüber an Hauswänden und Glasscheiben entlanglaufen, ohne dabei herunterzufallen? Ihr braucht den 2. Buchstaben.

Frage 2:

Woher kommt der Bumerang? Ihr braucht zuerst den letzten und dann den 4. Buchstaben.

Frage 3:

Welches Tier verständigt sich über Ultraschallwellen? Ihr braucht den 4. und 5. Buchstaben.

Frage 4:

Welches Tier trägt sein Haus von Geburt an auf dem Rücken? Ihr braucht den 6. und 7. Buchstaben.

Frage 5:

Bei diesen Sprüchen verheddert sich sogar die schnellste Zunge im Mund – wie nennen wir sie? Ihr braucht den 2. Buchstaben.

Frage 6:

Wie heißt der schwedische Chemiker, nach dem ein berühmter Preis benannt wurde, mit Nachnamen? Ihr braucht den ersten Buchstaben.

Frage 7:

Die *Titanic* hat im Wasser einen … gerammt. Wer oder was hat das Schiff zum Sinken gebracht? Ihr braucht zuerst den letzten und dann den 3. Buchstaben.

Frage 8:

Er ist an Jacken, Rucksäcken und Taschen befestigt und kann rauf und runter fahren. Wer ist es? Ihr braucht den 1. und 2. Buchstaben.

Frage 9:

Welche Straße besteht aus Millionen von Sternen und leuchtet weiß? Ihr braucht den 2. Buchstaben.

Frage 10:

Bei welchem Sportfest, das aus Griechenland kommt, brennt immer ein Feuer? Ihr braucht den 7. und den letzten Buchstaben.

DAS LABYRINTH

Folge den Wörtern, die etwas
mit der SONNE zu tun haben.

Auflösung zum Großen Wissensquiz
für schlaue Köpfe

1: GEcko

2: AUSTRALIEN

3: FLEDERMAUS

4: SCHNECKE

5: ZUNGENBRECHER

6: NOBELPREIS

7: EISBERG

8: REISSVERSCHLUSS

9: MILCHSTRASSE

10: OLYMPISCHE SPIELE

Das Lösungswort heißt:
»Entdeckungsreise«.